Dr. Oetker

Familientorten

gut vorzubereiten

Vorwort

Wer kennt das nicht – eine große Feier steht bevor und man braucht viele Gebäcke. Aber wie soll man diese vielen Torten und Schnitten so vorbereiten, dass man am großen Tag keine Arbeit mehr damit hat?

Hier finden Sie die Lösung, denn dieses Buch enthält leckere Rezepte für Torten und Schnitten, die sich gut vorbereiten lassen sowie Angaben zur Vorbereitungszeit und Gefriereignung und viele nützliche Tipps, so dass Sie der Feier gelassen entgegensehen können.

So können Sie die Torten je nach Rezept 1–14 Tage vorher zubereiten und am großen Tag brauchen die Torten höchstens noch ein paar schnelle Handgriffe und sind servierbereit.

Begeistern Sie Familie und Freunde mit der Marzipancremetorte, der Zwei-Wochen-Cognactorte, dem Schneewittchen-Blech oder den Himbeer-Nuss-Schnitten.

Alle Rezepte wurden wie immer von Dr. Oetker getestet, so dass sie garantiert gelingen.

Abkürzungen

EL	= Esslöffel
TL	= Teelöffel
Msp.	= Messerspitze
Pck.	= Packung/Päckchen
g	= Gramm
kg	= Kilogramm
ml	= Milliliter
l	= Liter
Min.	= Minuten
Std.	= Stunden
evtl.	= eventuell
geh.	= gehäuft
gestr.	= gestrichen
TK	= Tiefkühlprodukt
°C	= Grad Celsius
Ø	= Durchmesser
E	= Eiweiß
F	= Fett
Kh	= Kohlenhydrate
kcal	= Kilokalorien
kJ	= Kilojoule

Hinweise zu den Rezepten

Lesen Sie bitte vor der Zubereitung – besser noch vor dem Einkaufen – das Rezept einmal vollständig durch. Oft werden Arbeitsabläufe oder -zusammenhänge dann klarer.

Die in den Rezepten angegebenen Backtemperaturen und -zeiten sind Richtwerte, die je nach individueller Hitzeleistung des Backofens über- oder unterschritten werden können. Bitte beachten Sie deshalb bei der Einstellung des Backofens die Gebrauchsanweisung des Herstellers und machen Sie nach Beendigung der Backzeit eine Garprobe.

Zubereitungszeiten

Die Zubereitungszeit beinhaltet nur die Zeit für die eigentliche Zubereitung, die Backzeiten sind gesondert ausgewiesen. Längere Wartezeiten, wie z. B. Kühlzeiten, sind ebenfalls nicht mit einbezogen.

Kapitelübersicht

Kapitelübersicht

Apfel-Mohn-Torte

Raffiniert

Vorbereitung:
Boden 1–3 Tage vorher
Torte 1–2 Tage vorher

Für den Rührteig:
150 g Butter oder Margarine
100 g Zucker
1 Pck. Vanillin-Zucker
1 Pck. Finesse Geriebene Zitronenschale
3 Eier (Größe M)
150 g Weizenmehl
2 gestr. TL Backpulver
75 g Mohnsamen

Für die Füllung:
400 g Äpfel, z. B. Cox Orange oder Boskop
375 ml (3/8 l) Apfelsaft
30 g Zucker
1 Pck. Pudding-Pulver Vanille-Geschmack

Für Belag und Verzierung:
400 ml Schlagsahne
2 Pck. Vanillin-Zucker

Zum Garnieren:
einige Pralinen, z. B. Chocolat Pavot von Storck (Mohnpralinen)
Mohn

Zubereitungszeit:
50 Minuten, ohne Kühlzeit, und etwa 25 Minuten Backzeit

Insgesamt:
E: 74 g, F: 333 g, Kh: 420 g, kJ: 20848, kcal: 4976

1 Für den Teig Butter oder Margarine mit Handrührgerät mit Rührbesen auf höchster Stufe geschmeidig rühren. Nach und nach Zucker, Vanillin-Zucker und Zitronenschale unterrühren. So lange rühren, bis eine gebundene Masse entstanden ist.

2 Eier nach und nach unterrühren (jedes Ei etwa 1/2 Minute). Mehl mit Backpulver mischen, sieben und in 2 Portionen abwechselnd mit dem Mohn auf mittlerer Stufe unterrühren. Den Teig in eine Springform (Ø 26 cm, Boden gefettet, mit Backpapier belegt) füllen, glatt streichen und die Form auf dem Rost in den Backofen schieben.

Ober-/Unterhitze: etwa 180 °C (vorgeheizt)
Heißluft: etwa 160 °C (vorgeheizt)
Gas: Stufe 2–3 (vorgeheizt)
Backzeit: etwa 25 Minuten.

3 Den Boden aus der Form lösen und auf einem Kuchenrost erkalten lassen. Anschließend den Boden auf eine Tortenplatte legen und den gesäuberten Springformrand oder einen Tortenring darumstellen.

4 Für die Füllung Äpfel schälen, vierteln, entkernen und in feine Würfel schneiden. Aus Apfelsaft, Zucker und Pudding-Pulver nach Packungsanleitung, aber mit den hier angegebenen Zutaten einen Pudding kochen. Apfelwürfel dazugeben, unter Rühren mit aufkochen lassen und den Apfelpudding auf den Boden in die Form geben. Die Masse glatt streichen und erkalten lassen.

5 Für Belag und Verzierung Sahne mit Vanillin-Zucker steif schlagen und zwei Drittel davon auf der erkalteten Apfelmasse verstreichen. Restliche Sahne in einen Spritzbeutel mit großer Sterntülle geben und große Tuffs auf die Tortenoberfläche spritzen. Die Torte bis zum Serviertag kalt stellen.

6 Zum Garnieren am Serviertag Springformrand oder Tortenring vorsichtig lösen und entfernen. Die Tortenoberfläche mit Pralinen und Mohn garnieren.

Quark-Erdbeer-Torte mit Streuseln

Beliebt

Vorbereitung:
Boden und Streusel
1–4 Tage vorher
Torte 1–2 Tage vorher

Für den Streuselteig:
300 g Weizenmehl
1 gestr. TL Backpulver
125 g Zucker
1 Pck. Vanillin-Zucker
1 Prise Salz
1 Ei (Größe M)
150 g Butter oder Margarine

Für die Füllung:
500 g Erdbeeren
10 Blatt weiße Gelatine
750 g Magerquark
250 ml (1/4 l) Milch
150 g Zucker
abgeriebene Schale und Saft
von 1 Zitrone (unbehandelt)
500 ml (1/2 l) Schlagsahne

Zubereitungszeit:
65 Minuten, ohne Kühlzeit,
und etwa 30 Minuten Backzeit

Insgesamt:
E: 180 g, F: 308 g, Kh: 580 g,
kJ: 24530, kcal: 5858

1 Für den Teig Mehl mit Backpulver mischen und in eine Rührschüssel sieben. Zucker, Vanillin-Zucker, Salz, Ei und Butter oder Margarine hinzufügen. Die Zutaten mit Handrührgerät mit Rührbesen zu Streuseln von gewünschter Größe verarbeiten. Die Hälfte des Streuselteiges in eine Springform (Ø 26 cm, Boden gefettet) geben und zu einem Boden andrücken. Die Form auf dem Rost in den Backofen schieben.

Ober-/Unterhitze: etwa 200 °C (vorgeheizt)
Heißluft: etwa 180 °C (vorgeheizt)
Gas: Stufe 3–4 (vorgeheizt)
Backzeit: etwa 20 Minuten.

2 Den Tortenboden sofort mit Hilfe eines Messers vom Springformboden lösen, aber darauf auf einem Kuchenrost erkalten lassen.

3 Restliche Streusel auf einem Backblech (mit Backpapier belegt) verteilen. Das Backblech in den Backofen schieben und die Streusel **bei gleicher Backofeneinstellung etwa 10 Minuten backen**.

4 Die Streusel mit dem Backpapier auf einen Kuchenrost ziehen und erkalten lassen. Den Tortenboden auf eine Platte legen und einen Tortenring oder den gesäuberten Springformrand darumstellen.

5 Für die Füllung Erdbeeren waschen, abtropfen lassen, entstielen und halbieren oder vierteln. Gelatine nach Packungsanleitung einweichen. Quark mit Milch, Zucker und Zitronenschale und -saft gut verrühren. Gelatine leicht ausdrücken, in einem kleinen Topf unter Rühren auflösen (nicht kochen) und mit 2 Esslöffeln von der Quarkmasse verrühren, dann unter die restliche Quarkmasse rühren und kalt stellen.

6 Wenn die Quarkmasse anfängt dicklich zu werden, Sahne steif schlagen und unterheben. Die Hälfte der Quarkmasse gleichmäßig auf den Tortenboden streichen. Erdbeeren darauf verteilen, dabei 1 cm am Rand frei lassen. Restliche Quarkmasse darauf geben und glatt streichen. Die Streusel darauf streuen und die Torte bis zum Serviertag kalt stellen.

7 Am Serviertag Tortenring oder Springformrand mit Hilfe eines Messers lösen und entfernen.

Tipp: Nach Belieben am Serviertag 4–5 große Erdbeeren in dünne Scheiben schneiden und wie auf dem Foto an den Tortenrand legen.

Birnen-Karamell-Torte

Klassisch

Vorbereitung:
Boden 1–3 Tage vorher
Torte 1–2 Tage vorher
gefriergeeignet

Für den Rührteig:
275 g Butter oder Margarine
200 g Zucker
1 Pck. Vanillin-Zucker
1–2 Msp. gemahlener Zimt
6 Eier (Größe M)
200 g Weizenmehl
50 g Speisestärke
25 g Kakaopulver
3 gestr. TL Backpulver

Für die Füllung:
8 Blatt weiße Gelatine
150 g Zucker
1 l Schlagsahne
1 Dose Birnenhälften
(Abtropfgewicht 460 g)

Zubereitungszeit:
50 Minuten, ohne Kühlzeit,
und etwa 30 Minuten Backzeit

Insgesamt:
E: 109 g, F: 592 g, Kh: 674 g,
kJ: 35405, kcal: 8456

1 Für den Teig Butter oder Margarine mit Handrührgerät mit Rührbesen auf höchster Stufe geschmeidig rühren. Nach und nach Zucker, Vanillin-Zucker und Zimt unterrühren. So lange rühren, bis eine gebundene Masse entstanden ist.

2 Eier nach und nach unterrühren (jedes Ei etwa 1/2 Minute). Mehl mit Speisestärke, Kakaopulver und Backpulver mischen, sieben und in 2 Portionen auf mittlerer Stufe unterrühren. Einen Backrahmen (28 x 28 cm) auf ein mit Backpapier belegtes Backblech stellen, den Teig einfüllen und darin glatt streichen. Das Backblech in den Backofen schieben.

Ober-/Unterhitze: etwa 180 °C (vorgeheizt)
Heißluft: etwa 160 °C (vorgeheizt)
Gas: Stufe 2–3 (vorgeheizt)
Backzeit: etwa 30 Minuten.

3 Backrahmen lösen und entfernen, den Boden auf einen Kuchenrost stürzen und erkalten lassen. Mitgebackenes Backpapier abziehen und den Boden zweimal waagerecht durchschneiden.

4 Für die Füllung Gelatine nach Packungsanleitung einweichen. Zucker in einem Topf karamellisieren. Anschließend 250 ml (1/4 l) von der Sahne dazugießen und bei schwacher Hitze rühren, bis sich der Zucker wieder gelöst hat. Topf von der Kochstelle nehmen, Gelatine leicht ausdrücken und unter Rühren in der Karamellsahne auflösen. Die Flüssigkeit erkalten lassen. 750 ml (3/4 l) Sahne steif schlagen, unter die erkaltete Karamellsahne heben und die Creme kalt stellen. Den unteren Boden auf eine Kuchenplatte legen. Birnen in einem Sieb abtropfen lassen, in dünne Spalten schneiden und die Hälfte davon auf dem Boden verteilen.

5 Ein Drittel der Karamellcreme darauf verstreichen und den zweiten Boden auflegen. Restliche Birnen darauf verteilen und mit der Hälfte der restlichen Creme bestreichen. Oberen Boden auflegen und leicht andrücken. Von der restlichen Creme 2–3 Esslöffel abnehmen und in einen Spritzbeutel mit kleiner Lochtülle geben. Die Torte mit der übrigen Creme rundherum einstreichen. Die gesamte Tortenoberfläche mit der Creme aus dem Spritzbeutel nach Belieben mit Quadraten verzieren. Die Torte bis zum Servieren kalt stellen.

Tipp: Zum Servieren die Torte nach Belieben mit etwas Kakaopulver und Zimt bestäuben oder eine Birnenhälfte beim Füllen zurücklassen und die Tortenoberfläche mit ein paar Birnenwürfeln garnieren (Foto).

Maracujatorte

Mit Alkohol

Vorbereitung:
Böden 1–3 Tage vorher
Torte 1–2 Tage vorher

Für den Knetteig:
100 g Weizenmehl
10 g Kakaopulver
1 Msp. Backpulver, 50 g Zucker
80 g Butter oder Margarine

Für den Biskuitteig:
2 Eier (Größe M)
1 EL heißes Wasser
50 g Zucker
1 Pck. Vanillin-Zucker
40 g Weizenmehl, 20 g Speisestärke, 1/2 gestr. TL Backpulver

2 EL Aprikosenkonfitüre

Für die Füllung:
4 Blatt weiße Gelatine
2 Becher (je 150 g) Crème fraîche, 50 g Zucker
125 ml (1/8 l) Weißwein
500 ml (1/2 l) Schlagsahne

Für den Guss:
2 Blatt Gelatine
300 g Maracuja (Passionsfrucht, 4–6 Stück)
4 EL Orangensaft, 2 EL Zucker

Zum Garnieren:
2 EL Aprikosenkonfitüre
3 EL abgezogene, gehobelte, gebräunte Mandeln
Schale von 1 Bio-Limette (unbehandelt, ungewachst), in feine Streifen geschnitten

Zubereitungszeit:
70 Minuten, ohne Kühlzeit, und etwa 35 Minuten Backzeit

1 Für den Knetteig Mehl mit Kakao und Backpulver mischen und in eine Rührschüssel sieben. Zucker und Butter oder Margarine hinzufügen. Die Zutaten mit Handrührgerät mit Knethaken zunächst kurz auf niedrigster, dann auf höchster Stufe gut durcharbeiten. Anschließend auf der leicht bemehlten Arbeitsfläche kurz zu einem Teig verkneten. Den Teig auf dem Boden einer Springform (Ø 26 cm, gefettet) ausrollen und mehrmals mit einer Gabel einstechen. Den Springformrand darumstellen und die Form auf dem Rost in den Backofen schieben.

Ober-/Unterhitze: etwa 200 °C (vorgeheizt)
Heißluft: etwa 180 °C (vorgeheizt)
Gas: Stufe 3–4 (vorgeheizt)
Backzeit: etwa 15 Minuten.

2 Den Boden sofort nach dem Backen vom Springformboden lösen, aber darauf auf einem Kuchenrost erkalten lassen.

3 Für den Biskuitteig Eier und Wasser mit Handrührgerät mit Rührbesen auf höchster Stufe in 1 Minute schaumig schlagen. Zucker mit Vanillin-Zucker mischen, in 1 Minute einstreuen, dann noch etwa 2 Minuten schlagen. Mehl mit Speisestärke und Backpulver mischen, auf die Eiercreme sieben und kurz auf niedrigster Stufe unterrühren. Den Teig in eine Springform (Ø 26 cm, Boden gefettet, mit Backpapier belegt) füllen und auf dem Rost in den Backofen schieben.

Ober-/Unterhitze: etwa 180 °C (vorgeheizt)
Heißluft: etwa 160 °C (vorgeheizt)
Gas: Stufe 2–3 (vorgeheizt)
Backzeit: etwa 20 Minuten.

4 Den Boden aus der Form lösen, auf einen mit Backpapier belegten Kuchenrost stürzen und erkalten lassen. Den Knetteigboden auf eine Platte legen, mit Aprikosenkonfitüre bestreichen, den Biskuitboden darauf legen und einen Tortenring darumstellen.

5 Für die Füllung Gelatine nach Packungsanleitung einweichen. Crème fraîche mit Zucker und Wein verrühren. Gelatine leicht ausdrücken, in einem kleinen Topf unter Rühren auflösen (nicht kochen) und mit etwas von der Crème-fraîche-Masse verrühren, dann unter die restliche Masse rühren. Sahne steif schlagen und unterheben. Die Creme in den Tortenring füllen und glatt streichen. Die Torte etwa 2 Stunden kalt stellen.

(Fortsetzung Seite 16)

Insgesamt:
E: 72 g, F: 348 g, Kh: 445 g,
kJ: 22204, kcal: 5315

6 Für den Guss Gelatine nach Packungsanleitung einweichen. Maracuja halbieren, Fruchtfleisch herausheben, durch ein Sieb streichen und mit Orangensaft und Zucker verrühren. Gelatine ausdrücken, auflösen und unterrühren. Masse auf die Sahnecreme geben und die Torte bis zum Serviertag kalt stellen.

7 Am Serviertag Tortenring lösen und entfernen. Den unteren Tortenrand mit durch ein Sieb gestrichener Konfitüre bestreichen und mit Mandeln bestreuen. Die Torte mit Limettenstreifen garnieren.

Waldfruchttorte

Erfrischend

Vorbereitung:
Boden 1–3 Tage vorher
Torte 1–2 Tage vorher

Für den All-in-Teig:
100 g Weizenmehl
3 gestr. TL Backpulver
75 g Zucker
1 Pck. Vanillin-Zucker
3 Eier (Größe M)
2 EL Speiseöl, 1 EL Essig

Für die Füllung:
1 Beutel aus 1 Pck. Götterspeise Himbeer-Geschmack
200 ml Kirschsaft, 50 g Zucker
300 g gemischte Beerenfrüchte
400 g Schmand oder Crème fraîche
200 ml Schlagsahne

Zum Garnieren:
1 Beutel aus 1 Pck. Götterspeise Himbeer-Geschmack
350 ml Kirschsaft
30 g Zucker

Zubereitungszeit:
50 Minuten, ohne Kühlzeit, und etwa 20 Minuten Backzeit

Insgesamt:
E: 87 g, F: 209 g, Kh: 338 g,
kJ: 15256, kcal: 3647

1 Für den Teig Mehl mit Backpulver mischen und in eine Rührschüssel sieben. Restliche Zutaten hinzufügen und alles mit Handrührgerät mit Rührbesen auf höchster Stufe in etwa 2 Minuten zu einem Teig verarbeiten. Den Teig in eine Springform (Ø 26 cm, Boden gefettet) geben und glatt streichen. Die Form auf dem Rost in den Backofen schieben.

Ober-/Unterhitze: etwa 180 °C (vorgeheizt)
Heißluft: etwa 160 °C (vorgeheizt)
Gas: Stufe 2–3 (vorgeheizt)
Backzeit: etwa 20 Minuten.

2 Den Boden aus der Form lösen und auf einem Kuchenrost erkalten lassen. Anschließend auf eine Tortenplatte legen und einen Tortenring oder den gesäuberten Springformrand darumstellen.

3 Für die Füllung Götterspeise mit Saft und Zucker nach Packungsanleitung, aber mit den hier angegebenen Mengen anrühren und quellen lassen. In der Zwischenzeit Beeren verlesen, einige Beeren zum Garnieren am Serviertag beiseite legen. Gequollene Götterspeise nach Packungsanleitung auflösen, Schmand oder Crème fraîche unterrühren und die Masse kalt stellen. Wenn die Masse beginnt dicklich zu werden, Sahne steif schlagen und unterheben, dann Beeren vorsichtig unterheben. Die Creme auf den Tortenboden in die Form geben, glatt streichen und etwa 2 Stunden kalt stellen.

4 Zum Garnieren in der Zwischenzeit Götterspeise mit Saft und Zucker wie in Punkt 3 quellen lassen und auflösen. Gut ein Drittel davon in eine flache Schale gießen und bis zum Serviertag kalt stellen. Restliche Götterspeiseflüssigkeit abkühlen lassen, auf die Torte gießen und die Torte bis zum Serviertag kalt stellen.

5 Am Serviertag Tortenring oder Springformrand lösen und entfernen. Götterspeise in der Schale in kleine Würfel schneiden und mit den beiseite gelegten Beeren auf der Tortenoberfläche verteilen.

Fruchtige Fürst-Pückler-Torte

Klassisch (auch Titelrezept)

Vorbereitung:
Böden 1–3 Tage vorher
Torte 1–2 Tage vorher

Für den Rührteig:
125 g Butter oder Margarine
125 g Zucker
1 Pck. Vanillin-Zucker
1 Pck. Finesse Orangenfrucht
3 Eier (Größe M)
200 g Weizenmehl
1 gestr. TL Backpulver

Außerdem:
1 geh. TL Kakaopulver
1 TL Zucker, 1 EL Milch

Für die Füllungen:
1 kleine Dose Mandarinen (Abtropfgewicht 235 g)
1 EL Zitronensaft
400 g Erdbeeren, 50 g Zucker
1 EL Zitronensaft
12 Blatt weiße Gelatine
500 g Ricotta-Käse
250 g Speisequark (20 % Fett)
50 g Zucker
2 Pck. Vanillin-Zucker
400 ml Schlagsahne

Für den Belag:
125 g Marzipan-Rohmasse
25 g Puderzucker

Zum Bestreichen:
2 EL rotes Johannisbeergelee

Zubereitungszeit:
60 Minuten, ohne Kühlzeit, und etwa 50 Minuten Backzeit

Insgesamt:
E: 171 g, F: 386 g, Kh: 609 g, kJ: 27761, kcal: 6628

1 Für den Teig Butter oder Margarine mit Handrührgerät mit Rührbesen auf höchster Stufe geschmeidig rühren. Nach und nach Zucker, Vanillin-Zucker und Orangenfrucht unterrühren. So lange rühren, bis eine gebundene Masse entstanden ist. Eier nach und nach unterrühren (jedes Ei etwa 1/2 Minute). Mehl mit Backpulver mischen, sieben und in 2 Portionen auf mittlerer Stufe unterrühren. Den Teig halbieren, eine Hälfte in eine Springform (Ø 26 cm, Boden gefettet, mit Backpapier belegt) geben und glatt streichen. Die Form auf dem Rost in den Backofen schieben.

Ober-/Unterhitze: etwa 180 °C (vorgeheizt)
Heißluft: etwa 160 °C (vorgeheizt)
Gas: Stufe 2–3 (vorgeheizt)
Backzeit: etwa 25 Minuten.

2 Boden aus der Form lösen, auf einen mit Backpapier belegten Kuchenrost stürzen, mitgebackenes Backpapier abziehen und erkalten lassen. In der Zwischenzeit die zweite Teighälfte mit Kakao, Zucker und Milch verrühren. Die Springform säubern, Boden fetten, mit Backpapier belegen und den dunklen Teig einfüllen. Form auf dem Rost in den Backofen schieben und **bei gleicher Backofeneinstellung ebenfalls etwa 25 Minuten backen**. Anschließend den dunklen Boden ebenfalls auf einen mit Backpapier belegten Kuchenrost stürzen, mitgebackenes Backpapier abziehen und erkalten lassen.

3 Für die Füllungen Mandarinen abtropfen lassen, etwas Saft dabei auffangen und 12 schöne Stücke darin bis zum Serviertag kalt stellen. Restliche Mandarinen mit Zitronensaft fein pürieren. 6 kleine Erdbeeren zum Garnieren beiseite legen. Restliche Erdbeeren waschen, abtropfen lassen, putzen, pürieren, durch ein Sieb streichen und mit Zucker und Zitronensaft verrühren. Gelatine nach Packungsanleitung einweichen. Ricotta mit Quark, Zucker und Vanillin-Zucker verrühren. Gelatine leicht ausdrücken und in einem kleinen Topf bei schwacher Hitze unter Rühren auflösen (nicht kochen). Aufgelöste Gelatine mit etwas von der Ricottamasse verrühren, dann unter die restliche Ricottamasse rühren. Sahne steif schlagen und unterheben. Die Creme halbieren. Unter eine Hälfte Mandarinenpüree, unter die andere Hälfte Erdbeerpüree heben.

4 Den dunklen Boden auf eine Tortenplatte legen und einen Springformrand oder Tortenring darumstellen. Mandarinencreme einfüllen, glatt streichen und etwa 30 Minuten kalt stellen. Anschließend Erdbeercreme vorsichtig darauf streichen, den hellen Boden auflegen, andrücken und die Torte bis zum Serviertag kalt stellen.

(Fortsetzung Seite 20)

5 Für den Belag Marzipan mit Puderzucker verkneten, auf der mit Puderzucker bestäubten Arbeitsfläche zu einer Platte (Ø 24 cm) ausrollen, mit einem Teigrädchen in 12 Stücke teilen, gut in Frischhaltefolie einschlagen und bis zum Serviertag beiseite stellen.

6 Am Serviertag Springformrand oder Tortenring lösen und entfernen. Tortenoberfläche mit glatt gerührtem Gelee bestreichen und mit den Marzipanstücken belegen. Die Tortenstücke mit den zurückgestellten Mandarinen und halbierten Erdbeeren garnieren.

Geschichtete Multifruchttorte

Für Kinder

Vorbereitung:
Boden 1–3 Tage vorher
Torte 1–3 Tage vorher

Für den All-in-Teig:
250 g Weizenmehl
1 Pck. Backpulver
250 g Butter oder Margarine
250 g Zucker
1 Pck. Finesse Orangenfrucht
6 Eier (Größe M)

Für die Creme:
300 ml Multivitaminsaft
4 Eier (Größe M)
20 g Speisestärke
100 g Zucker
200 g weiche Butter

Zum Bestreichen:
200 ml Schlagsahne
1 Pck. Vanillin-Zucker

Zum Garnieren:
Orangenschokostäbchen

Zubereitungszeit:
60 Minuten und
etwa 20 Minuten Backzeit

Insgesamt:
E: 108 g, F: 508 g, Kh: 639 g,
kJ: 31661, kcal: 7556

1 Für den Teig Mehl mit Backpulver mischen und in eine Rührschüssel sieben. Restliche Zutaten hinzufügen und alles mit Handrührgerät mit Rührbesen auf höchster Stufe in etwa 2 Minuten zu einem Teig verarbeiten. Den Teig auf ein Backblech (30 x 40 cm, gefettet, mit Backpapier belegt) geben, glatt streichen und das Backblech in den Backofen schieben.

Ober-/Unterhitze: etwa 200 °C (vorgeheizt)
Heißluft: etwa 180 °C (vorgeheizt)
Gas: Stufe 3–4 (vorgeheizt)
Backzeit: etwa 20 Minuten.

2 Den Boden auf einen Kuchenrost stürzen, mitgebackenes Backpapier abziehen und den Boden erkalten lassen. Anschließend den Boden senkrecht halbieren und jede Hälfte waagerecht durchschneiden, so dass 4 Böden (je 20 x 30 cm) entstehen.

3 Für die Creme Saft mit Eiern und Speisestärke in einem Kochtopf verrühren, Zucker und weiche Butter hinzufügen und unter ständigem Rühren aufkochen lassen. Die Creme etwa 15 Minuten abkühlen lassen, dabei gelegenlich umrühren, bis sie dicklich wird. 3 Esslöffel von der Creme zum Verzieren abnehmen und beiseite stellen. Einen Boden auf eine Tortenplatte legen und den Boden mit einem Drittel der Creme bestreichen. Zweiten Boden auflegen und mit der Hälfte der restlichen Creme bestreichen, dritten Boden auflegen und mit der restlichen Creme bestreichen. Vierten Boden auflegen, leicht andrücken und die Torte 1–2 Stunden kalt stellen.

4 Zum Bestreichen Sahne mit Vanillin-Zucker steif schlagen und die Torte rundherum damit bestreichen. Zurückgelassene Fruchtcreme kurz durchrühren und in ein Papiertütchen füllen. Den Tortenrand damit besprenkeln und die Torte bis zum Serviertag kalt stellen.

5 Am Serviertag die Torte mit Orangenschokostäbchen garnieren.

Pflaumen-Knusperstreusel-Torte

Einfach – Schnell zubereitet

Vorbereitung:
Böden 1–4 Tage vorher
Torte 1 Tag vorher

Für den Streuselteig:
350 g Weizenmehl
1 gestr. TL Backpulver
150 g Zucker
2 Pck. Vanillin-Zucker
1 Ei (Größe M)
200 g Butter oder Margarine

Für den Belag:
1 Glas entsteinte Pflaumen (Abtropfgewicht 385 g)
500 g Mascarpone (italienischer Frischkäse)
50 g Zucker
1/2 TL gemahlener Zimt
200 ml Schlagsahne

Zubereitungszeit:
40 Minuten, ohne Kühlzeit, und 50–55 Minuten Backzeit

Insgesamt:
E: 72 g, F: 455 g, Kh: 564 g, kJ: 28040, kcal: 6693

1 Für den Teig Mehl mit Backpulver mischen und in eine Rührschüssel sieben. Restliche Zutaten hinzufügen und mit Handrührgerät mit Rührbesen zunächst kurz auf niedrigster, dann auf höchster Stufe zu Streuseln verarbeiten. Von den Streuseln 2–3 Esslöffel abnehmen und beiseite stellen. Die restliche Streuselmenge halbieren. Eine Streuselhälfte in einer Springform (Ø 26 cm, Boden gefettet) verteilen und zu einem Boden andrücken. Die Springform auf dem Rost in den Backofen schieben.

Ober-/Unterhitze: etwa 200 °C (vorgeheizt)
Heißluft: etwa 180 °C (vorgeheizt)
Gas: Stufe 3–4 (vorgeheizt)
Backzeit: etwa 20 Minuten.

2 Sofort nach dem Backen den Springformrand lösen, den Boden vom Springformboden lösen, aber darauf auf einem Kuchenrost erkalten lassen.

3 In der Zwischenzeit die beiseite gestellten Streusel locker auf ein mit Backpapier belegtes Backblech streuen und **bei gleicher Backofeneinstellung 10–15 Minuten backen**. Die gebackenen Streusel mit dem Backpapier vom Backblech ziehen und erkalten lassen. Anschließend die Streusel bis zum Serviertag in einer gut schließenden Dose aufbewahren.

4 Die zweite Streuselhälfte ebenso in der gefetteten Springform andrücken und **bei der gleichen Backofeneinstellung etwa 20 Minuten backen**. Anschließend Springformrand entfernen, den Boden vom Springformboden lösen, aber darauf auf dem Kuchenrost erkalten lassen.

5 Für den Belag Pflaumen in einem Sieb gut abtropfen lassen, 2–3 Stück davon zum Garnieren beiseite legen. Mascarpone mit Zucker und Zimt verrühren. Sahne steif schlagen und unterheben. Einen Streuselboden auf eine Tortenplatte legen und mit der Hälfte der abgetropften Pflaumen belegen. Die Hälfte der Creme darauf verstreichen und den zweiten Boden auflegen. Restliche Pflaumen auflegen und die restliche Creme locker aufstreichen. Die beiseite gelegten Pflaumen in Streifen schneiden und auf der Oberfläche verteilen. Die Torte bis zum Serviertag kalt stellen.

6 Am Serviertag die gebackenen Streusel auf die Torte streuen.

Tipp: Sie können Böden und Streusel 1–4 Tage vor dem Zubereiten der Torte backen, erkalten lassen und in Alufolie verpackt lagern.

Rote-Grütze-Marmortorte

Raffiniert

Vorbereitung:
Boden 1–3 Tage vorher
Torte 1–2 Tage vorher

Für den All-in-Teig:
150 g Weizenmehl
3 gestr. TL Backpulver
150 g Butter oder Margarine
150 g Zucker
1 Pck. Vanillin-Zucker
3 Eier (Größe M)
20 g Kakaopulver
1 EL Milch

Für die Füllung:
2 Pck. Rote-Grütze-Pulver
500 ml (1/2 l) Wasser
60 g Zucker
500 g gemischte Beerenfrüchte

Für den Belag:
2 Blatt weiße Gelatine
250 g Mascarpone
(italienischer Frischkäse)
1 TL Zucker
1 Pck. Vanillin-Zucker
200 ml Schlagsahne

Zum Garnieren:
einige Beerenfrüchte

Zubereitungszeit:
60 Minuten, ohne Kühlzeit, und etwa 30 Minuten Backzeit

Insgesamt:
E: 68 g, F: 322 g, Kh: 447 g, kJ: 21025, kcal: 5014

1 Für den Teig Mehl mit Backpulver mischen und in eine Rührschüssel sieben. Restliche Zutaten, bis auf Kakao und Milch, hinzufügen und alles mit Handrührgerät mit Rührbesen auf höchster Stufe in etwa 2 Minuten zu einem Teig verarbeiten.

2 Gut die Hälfte des Teiges in eine Springform (Ø 26 cm, Boden gefettet, mit Backpapier belegt) geben und glatt streichen. Restlichen Teig mit Kakao und Milch verrühren und auf den hellen Teig streichen. Mit einer Gabel den dunklen Teig durch den hellen Teig ziehen und die Oberfläche wieder etwas glatt streichen. Die Form auf dem Rost in den Backofen schieben.

Ober-/Unterhitze: etwa 180 °C (vorgeheizt)
Heißluft: etwa 160 °C (vorgeheizt)
Gas: Stufe 2–3 (vorgeheizt)
Backzeit: etwa 30 Minuten.

3 Den Boden aus der Form auf einen Kuchenrost stürzen, erkalten lassen. Anschließend mitgebackenes Backpapier abziehen und den Boden einmal waagerecht durchschneiden.

4 Für die Füllung Rote-Grütze-Pulver mit Wasser und Zucker nach Packungsanleitung zubereiten. Beerenfrüchte verlesen (nicht waschen) und unter die Grütze heben. Den unteren Boden auf eine Tortenplatte legen und einen Tortenring oder den gesäuberten Springformrand darumstellen. Die warme Grütze einfüllen, oberen Boden auflegen und die Füllung erkalten lassen.

5 Für den Belag Gelatine nach Packungsanleitung einweichen. Mascarpone mit Zucker und Vanillin-Zucker verrühren. Gelatine ausdrücken und in einem kleinen Topf bei schwacher Hitze unter Rühren auflösen (nicht kochen). Aufgelöste Gelatine mit etwas Mascarpone verrühren, dann unter die restliche Mascarpone rühren. Sahne steif schlagen und unterheben. Die Creme auf den oberen Boden geben und wellenförmig verstreichen. Die Torte bis zum Serviertag kalt stellen.

6 Am Serviertag Tortenring oder Springformrand vorsichtig lösen und entfernen. Beeren verlesen und auf der Torte verteilen.

Tipp: Anstelle von Mascarpone schmeckt auch Sahnequark oder Ricotta.

Zitronen-Fächer-Torte

Erfrischend

Vorbereitung:
Böden 1–3 Tage vorher
Torte 1–2 Tage vorher
gefriergeeignet

Für den Knetteig:
250 g Weizenmehl
1 Msp. Backpulver
50 g Zucker
1 Pck. Bourbon-Vanille-Zucker
1 Becher (150 g) Crème fraîche
150 g Butter oder Margarine

Zum Bestreuen:
100 g abgezogene, gehackte Mandeln
50 g Zucker

Für die Füllung:
8 Blatt weiße Gelatine
500 ml (1/2 l) Zitronenbuttermilch
75 g Zucker
400 ml Schlagsahne

Zum Bestäuben:
Puderzucker

Zubereitungszeit:
60 Minuten, ohne Kühlzeit, und etwa 60 Minuten Backzeit

Insgesamt:
E: 84 g, F: 356 g, Kh: 466 g, kJ: 22540, kcal: 5387

1 Für den Teig Mehl mit Backpulver mischen und in eine Rührschüssel sieben. Restliche Zutaten hinzufügen und mit Handrührgerät mit Knethaken zunächst kurz auf niedrigster, dann auf höchster Stufe gut durcharbeiten. Anschließend auf der leicht bemehlten Arbeitsfläche kurz zu einem glatten Teig verkneten.

2 Den Teig vierteln und ein Viertel auf dem Boden einer Springform (Ø 26 cm) ausrollen. Den Springformrand darumstellen. Den Boden mehrmals mit einer Gabel einstechen und mit einem Viertel von den Mandeln und dem Zucker bestreuen. Die Form auf dem Rost in den Backofen schieben.

Ober-/Unterhitze: etwa 200 °C (vorgeheizt)
Heißluft: etwa 180 °C (vorgeheizt)
Gas: Stufe 3–4 (vorgeheizt)
Backzeit: etwa 15 Minuten.

3 Springformrand lösen, Boden vom Springformboden lösen, aber darauf auf einem Kuchenrost erkalten lassen. Die anderen 3 Teigviertel ebenso ausrollen und backen. Den letzten Boden sofort nach dem Backen in 12 Tortenstücke schneiden.

4 Für die Füllung Gelatine nach Packungsanleitung einweichen. Buttermilch so lange mit dem Zucker verrühren, bis er gelöst ist. Gelatine leicht ausdrücken und in einem kleinen Topf bei schwacher Hitze unter Rühren auflösen (nicht kochen). Aufgelöste Gelatine mit etwas von der Buttermilch verrühren, dann unter die restliche Buttermilch rühren. Die Flüssigkeit einige Zeit kalt stellen.

5 Wenn die Buttermilch beginnt dicklich zu werden, Sahne steif schlagen und unterheben. Etwa 3 Esslöffel von der Creme abnehmen, in einen Spritzbeutel mit großer Sterntülle füllen und beiseite legen.

6 Einen Boden auf eine Tortenplatte legen und mit der Hälfte der restlichen Creme bestreichen. Zweiten Boden auflegen und mit der restlichen Creme bestreichen. Dritten Boden auflegen und leicht andrücken. Mit der Creme aus dem Spritzbeutel 12 dicke Tuffs auf die Oberfläche spritzen und die Torte bis zum Serviertag kalt stellen. Den in Stücke geschnittenen Tortenboden gut verpackt an einem kühlen, trockenen Ort lagern.

7 Am Serviertag die Tortenstücke auf die Tortenoberfläche an die Tuffs legen und die Torte mit Puderzucker bestäuben.

Preiselbeer-Baumkuchen-Torte

Klassisch – Mit Alkohol

Vorbereitung:
Boden 1–5 Tage vorher
Torte 1–2 Tage vorher

Für den Schüttelteig:
160 g Butter oder Margarine
100 g Weizenmehl
65 g Speisestärke
2 gestr. TL Backpulver
160 g Zucker
4 Eier (Größe M)
3 EL Cointreau (Orangenlikör)

Für die Füllung:
1 Glas Wild-Preiselbeer-Dessert (Abtropfgewicht 395 g)
4 Blatt weiße Gelatine
500 g Mascarpone (italienischer Frischkäse)
250 g Magerquark
80 g Zucker, 2 EL Zitronensaft

Für den Belag:
3 Blatt weiße Gelatine
200 ml Preiselbeersaft aus dem Glas

Nach Belieben zum Verzieren und Garnieren:
100 ml Schlagsahne
weiße Raspelschokolade

Zubereitungszeit:
30 Minuten, ohne Kühlzeit, und etwa 30 Minuten Backzeit

Insgesamt:
E: 107 g, F: 372 g, Kh: 490 g, kJ: 24684, kcal: 5891

1 Für den Teig Butter oder Margarine zerlassen und abkühlen lassen. Mehl mit Speisestärke und Backpulver mischen und in eine verschließbare Schüssel (etwa 3 l) sieben. Zucker, Eier, Butter oder Margarine und Cointreau hinzufügen und die Schüssel mit dem Deckel fest verschließen. Mehrmals (insgesamt 15–30 Sekunden) kräftig schütteln, so dass alle Zutaten gut vermischt sind. Alles mit einem Schneebesen oder Rührlöffel nochmals sorgfältig durchrühren, damit trockene Zutaten vom Rand mit untergerührt werden.

2 Zwei Esslöffel Teig in eine Springform (Ø 26 cm, Boden gefettet, mit Backpapier belegt) füllen und glatt streichen. Die Form auf dem Rost in den Backofen unter den vorgeheizten Grill schieben (Abstand zwischen Grill und Teig etwa 20 cm) und die Teigschicht hellbraun backen. Wieder 2 Esslöffel auf die gebackene Schicht streichen und unter den Grill schieben, auf diese Weise den ganzen Teig verarbeiten. Anschließend den Boden auf einen Kuchenrost stürzen, Backpapier abziehen und den Boden erkalten lassen.

3 Für die Füllung Preiselbeeren in einem Sieb abtropfen lassen, den Saft dabei auffangen. Gelatine nach Packungsanleitung einweichen. Mascarpone mit Quark, Zucker und Zitronensaft verrühren. 150 g der abgetropften Preiselbeeren unterrühren. Gelatine leicht ausdrücken und in einem kleinen Topf bei schwacher Hitze unter Rühren auflösen (nicht kochen). 3 Esslöffel Creme zur Gelatine geben und verrühren, dann alles zur restlichen Creme geben und gut verrühren. Einen Tortenring oder den gesäuberten Springformrand um den Baumkuchenboden stellen und die Preiselbeercreme darauf verstreichen. Die Torte etwa 2 Stunden kalt stellen.

4 Für den Belag Gelatine nach Packungsanleitung einweichen. Preiselbeersaft erwärmen und von der Kochstelle nehmen. Gelatine leicht ausdrücken und in den heißen Saft rühren, bis sie gelöst ist. Die restlichen abgetropften Preiselbeeren hinzufügen und unterrühren. Den Preiselbeerguss auf der Füllung verteilen und bis zum Serviertag kalt stellen.

5 Am Serviertag Tortenring oder Springformrand mit Hilfe eines Messers lösen und entfernen. Nach Belieben die Torte mit steif geschlagener Sahne verzieren und mit Raspelschokolade garnieren.

Tipp: Die Torte lässt sich ohne Sahneverzierung und Schokogarnierung einfrieren, dann jedoch nach dem Auftauen Flüssigkeit auf der Gelatineoberfläche mit einem Küchentuch abtupfen.
Bereiten Sie den Guss mit 250 ml (1/4 l) Saft und 1 Päckchen Tortenguss zu, dann ist die Torte jedoch nicht gefriergeeignet.

Ananascremetorte

Beliebt – Mit Alkohol

Vorbereitung:
Torte 1–3 Tage vorher

Für den Biskuitteig:
4 Eier (Größe M)
4 EL heißes Wasser
150 g Zucker
1 Pck. Vanillin-Zucker
150 g Weizenmehl
1 gestr. TL Backpulver
100 g abgezogene, gemahlene Mandeln

Für die Füllung:
1 Dose Ananasstücke (Abtropfgewicht 490 g)
450 ml Ananassaft aus der Dose (mit Wasser ergänzt)
1 Pck. Pudding-Pulver Vanille-Geschmack
50 g Zucker
250 g weiche Butter

Zum Tränken nach Belieben:
4 EL weißer Rum

Zum Garnieren:
50 g abgezogene, gehobelte Mandeln

Zubereitungszeit:
60 Minuten, ohne Kühlzeit, und etwa 30 Minuten Backzeit

Insgesamt:
E: 68 g, F: 289 g, Kh: 495 g, kJ: 20860, kcal: 4977

1 Für den Teig Eier und Wasser mit Handrührgerät mit Rührbesen auf höchster Stufe in 1 Minute schaumig schlagen. Zucker und Vanillin-Zucker mischen, in 1 Minute einstreuen, dann noch etwa 2 Minuten weiterschlagen. Mehl mit Backpulver mischen, auf die Eiercreme sieben und kurz auf niedrigster Stufe unterrühren. Zuletzt die Mandeln kurz unterrühren. Den Teig in eine Springform (Ø 26 cm, Boden gefettet, mit Backpapier belegt) geben, glatt streichen und die Form auf dem Rost in den Backofen schieben.

Ober-/Unterhitze: etwa 180 °C (vorgeheizt)
Heißluft: etwa 160 °C (vorgeheizt)
Gas: Stufe 2–3 (vorgeheizt)
Backzeit: etwa 30 Minuten.

2 Den Boden auf einen mit Backpapier belegten Kuchenrost stürzen und erkalten lassen. Anschließend mitgebackenes Backpapier abziehen und den Boden zweimal waagerecht durchschneiden.

3 Für die Füllung Ananas in einem Sieb abtropfen lassen, Saft dabei auffangen und mit Wasser auf 450 ml ergänzen. Aus Saft, Pudding-Pulver und Zucker nach Packungsanleitung einen Pudding zubereiten. Pudding erkalten lassen (nicht kalt stellen), dabei gelegentlich umrühren oder Frischhaltefolie direkt auf den Pudding legen. Anschließend Butter mit Handrührgerät mit Rührbesen schaumig rühren. Pudding nach und nach unterrühren, dabei darauf achten, dass Butter und Pudding Zimmertemperatur haben, da die Creme sonst gerinnt. 5–6 Ananasstücke in eine verschließbare Dose geben und bis zum Serviertag im Kühlschrank aufbewahren. Restliche Ananasstücke kleiner schneiden.

4 Den unteren Boden auf eine Tortenplatte legen und die Hälfte der Ananasstücke darauf verteilen. Ein Drittel der Buttercreme darauf verstreichen. Den zweiten Boden auflegen, nach Belieben mit etwas Rum tränken, die restlichen Ananasstücke darauf verteilen und die Hälfte der restlichen Buttercreme aufstreichen. Oberen Boden auflegen, nach Belieben wieder mit Rum tränken und die Torte rundherum mit der restlichen Buttercreme bestreichen. Die Oberfläche mit einem Tortenkamm verzieren und die Torte bis zum Serviertag kalt stellen. Mandeln in einer Pfanne ohne Fett leicht bräunen, auf einem Teller erkalten lassen und bis zum Serviertag in einer Dose aufbewahren.

5 Am Serviertag den Tortenrand mit Mandeln bestreuen und leicht andrücken. Die Tortenoberfläche mit den restlichen Ananasstücken garnieren, diese evtl. etwas kleiner schneiden.

Pfirsich-Sekt-Torte

Mit Alkohol

Vorbereitung:
Böden 1–3 Tage vorher
Torte 1–2 Tage vorher

Für den Knetteig:
150 g Weizenmehl
40 g Zucker
1 Pck. Vanillin-Zucker
3–4 Tropfen Butter-Vanille-Aroma
100 g Butter oder Margarine

Für den Biskuitteig:
1 Ei (Größe M), 3 EL heißes Wasser, 50 g Zucker
1 Pck. Vanillin-Zucker
100 g Weizenmehl
1 gestr. TL Backpulver

Zum Bestreichen:
50 g Aprikosenkonfitüre

Zum Tränken:
50 ml Sekt

Für den Belag:
1 kleine Dose Pfirsiche (Abtropfgewicht 240 g)
1 Pck. Sahnetortenhilfe
50 g Zucker, 200 ml Sekt
250 ml (1/4 l) Schlagsahne
500 g Naturjoghurt

Zum Garnieren:
Pfirsichspalten, Erdbeeren, Johannisbeeren, Minzeblättchen

Zubereitungszeit:
60 Minuten, ohne Kühlzeit, und 24–30 Minuten Backzeit

Insgesamt:
E: 70 g, F: 193 g, Kh: 501 g, kJ: 17612, kcal: 4202

1 Für den Knetteig Mehl in eine Rührschüssel sieben. Restliche Zutaten hinzufügen und mit Handrührgerät mit Knethaken zunächst kurz auf niedrigster, dann auf höchster Stufe gut durcharbeiten. Anschließend auf einer leicht bemehlten Arbeitsfläche kurz zu einem glatten Teig verkneten. Teig auf dem Boden einer Springform (Ø 26 cm, Boden gefettet) ausrollen und einen Springformrand darumstellen. Den Teigboden mehrmals mit einer Gabel einstechen und die Form auf dem Rost in den Backofen schieben.

Ober-/Unterhitze: etwa 200 °C (vorgeheizt)
Heißluft: etwa 180 °C (vorgeheizt)
Gas: Stufe 3–4 (vorgeheizt)
Backzeit: 12–15 Minuten.

2 Den Tortenboden sofort nach dem Backen vom Springformboden lösen, aber darauf auf einem Kuchenrost erkalten lassen.

3 Für den Biskuitteig Ei und Wasser mit Handrührgerät mit Rührbesen auf höchster Stufe in 1 Minute schaumig schlagen. Zucker und Vanillin-Zucker mischen, in 1 Minute einstreuen und noch etwa 2 Minuten schlagen. Mehl mit Backpulver mischen, portionsweise auf die Eiercreme sieben und kurz auf niedrigster Stufe unterrühren. Den Teig in eine Springform (Ø 26 cm, Boden gefettet, mit Backpapier belegt) füllen und glatt streichen. Die Form auf dem Rost in den Backofen schieben und **bei gleicher Backofeneinstellung 12–15 Minuten backen**.

4 Boden aus der Form lösen, auf einen mit Backpapier belegten Kuchenrost stürzen, mitgebackenes Backpapier abziehen und erkalten lassen. Knetteigboden mit Konfitüre bestreichen, mit dem Biskuitboden belegen und den gesäuberten Springformrand oder einen Tortenring darumstellen. Den Biskuitboden mit Sekt tränken.

5 Für den Belag Pfirsiche in einem Sieb abtropfen lassen und klein schneiden. Tortenhilfe nach Packungsanleitung, aber mit Zucker, Sekt, Joghurt und steif geschlagener Sahne zubereiten. Die Hälfte der Creme auf den Boden streichen, Pfirsiche darauf legen und mit der restlichen Creme bestreichen. Die Torte bis zum Serviertag kalt stellen.

6 Am Serviertag zum Garnieren kurz vor dem Servieren Pfirsichspalten, Erdbeeren, nach Belieben gezuckerte Johannisbeeren und Minzeblättchen auf der Tortenoberfläche verteilen.

Tipp: Die Torte ist ohne die Garnierung gefriergeeignet.

Zweifarbige Käse-Sahne-Torte

Raffiniert

Vorbereitung:
Boden 1–3 Tage vorher
Torte 1–2 Tage vorher
gefriergeeignet

Für den All-in-Teig:
175 g Weizenmehl
3 gestr. TL Backpulver
175 g Butter oder Margarine
175 g Zucker
1 Pck. Vanillin-Zucker
3 Eier (Größe M)
2 EL Orangensaft oder Wasser

Für die Creme:
8 Blatt weiße Gelatine
750 g Magerquark
1 Pck. Finesse Geriebene Zitronenschale
75 g Zucker
1 Pck. Vanillin-Zucker
1 Dose Aprikosenhälften (Abtropfgewicht 240 g)
250 g Himbeeren
400 ml Schlagsahne

Zum Bestäuben:
Puderzucker

Zubereitungszeit:
60 Minuten und etwa 30 Minuten Backzeit

Insgesamt:
E: 168 g, F: 295 g, Kh: 499 g, kJ: 22518, kcal: 5376

1 Für den Teig Mehl mit Backpulver mischen und in eine Rührschüssel sieben. Restliche Zutaten hinzufügen und alles mit Handrührgerät mit Rührbesen auf höchster Stufe in etwa 2 Minuten zu einem Teig verarbeiten. Teig in eine Springform (Ø 26 cm, Boden gefettet, mit Backpapier belegt) füllen und glatt streichen. Die Form auf dem Rost in den Backofen schieben.

Ober-/Unterhitze: etwa 180 °C (vorgeheizt)
Heißluft: etwa 160 °C (vorgeheizt)
Gas: Stufe 2–3 (vorgeheizt)
Backzeit: etwa 30 Minuten.

2 Den Boden aus der Form lösen, auf einen Kuchenrost stürzen, mitgebackenes Backpapier abziehen und den Boden erkalten lassen. Anschließend zweimal waagerecht durchschneiden.

3 Für die Creme Gelatine nach Packungsanleitung einweichen. Quark mit Zitronenschale, Zucker und Vanillin-Zucker verrühren. Gelatine ausdrücken und in einem kleinen Topf bei schwacher Hitze unter Rühren auflösen (nicht kochen). Aufgelöste Gelatine mit etwas von der Quarkmasse verrühren, dann unter die restliche Quarkmasse rühren.

4 Aprikosen in einem Sieb gut abtropfen lassen, Himbeeren verlesen und beide Früchte voneinander getrennt fein pürieren. Quarkmasse halbieren und unter jede Hälfte eine Sorte Fruchtpüree rühren. Sahne steif schlagen und eine Hälfte davon unter jede Quark-Frucht-Sorte heben.

5 Unteren Boden auf eine Tortenplatte legen und einen Tortenring oder den gesäuberten Springformrand darumstellen. Die Himbeer-Quark-Creme einfüllen, glatt streichen und den mittleren Boden auflegen. Die Aprikosen-Quark-Creme darauf geben, glatt streichen und den oberen Boden auflegen. Die Torte bis zum Serviertag kalt stellen.

6 Am Serviertag den Tortenring oder Springformrand vorsichtig lösen und entfernen und die Torte mit Puderzucker bestäuben.

Tipp: Bestäuben Sie die Torte mit Hilfe einer Schablone.
Um die Kerne zu entfernen, können Sie die Himbeeren auch durch ein Sieb passieren, dann jedoch 50 g mehr Himbeeren verwenden.
Die Torte ist gefriergeeignet. Dann die Torte über Nacht im Kühlschrank auftauen lassen und direkt vor dem Servieren mit Puderzucker bestäuben.

Eistorte mit Zitroneneis

Erfrischend

Vorbereitung:
Torte 1–14 Tage vorher

Für den Baiserboden:
6 Eiweiß (Größe M)
225 g Zucker
125 g Puderzucker
25 g Speisestärke

Zum Bestreichen:
150 g Halbbitter-Kuvertüre

Für die Füllung:
1000 ml (1 l) Zitroneneiscreme
400 ml (1/4 l) Schlagsahne

Zum Garnieren:
einige Zitronenscheiben (unbehandelt)
etwas Zitronenschale in Streifen (unbehandelt)

Zubereitungszeit:
25 Minuten, ohne Trockenzeit für den Baiserboden

Insgesamt:
E: 82 g, F: 295 g, Kh: 677 g, kJ: 23857, kcal: 5706

1 Für den Baiserboden Eiweiß mit Handrührgerät mit Rührbesen steif schlagen. Zucker nach und nach unter Rühren hinzugeben. Puderzucker mit Speisestärke sieben und unter den Eischnee ziehen. Die Hälfte davon in einen Spritzbeutel mit mittelgroßer Lochtülle füllen und spiralförmig auf den Boden einer Springform (Ø 24 cm, Boden und Rand gefettet, mit Backpapier begelegt) spritzen, bis der Boden ganz bedeckt ist, dabei in der Mitte beginnen. Dann drei Ringe als Rand übereinander spritzen.

2 Aus Backpapier einen Kreis (Ø 24 cm) ausschneiden, in 10–12 Tortenstücke schneiden. Diese mit etwas Abstand auf ein gefettetes Backblech legen. Die restliche Baisermasse in einen Spritzbeutel füllen und wellenförmig auf die Dreiecke spritzen. Die Springform auf dem Rost und das Backblech ohne Rost in den Backofen schieben und die Baisermasse trocknen lassen, dabei bei Ober-/Unterhitze gelegentlich die Einschubhöhe wechseln.

Ober-/Unterhitze: etwa 100 °C (vorgeheizt)
Heißluft: etwa 80 °C (nicht vorgeheizt)
Trockenzeit: 2 1/2 Stunden.

3 Baiser im ausgeschalteten Ofen erkalten lassen, dann aus der Form lösen und das Backpapier abziehen. Kuvertüre hacken und in einem kleinen Topf im Wasserbad bei schwacher Hitze geschmeidig rühren. Baiserboden und inneren Rand damit bestreichen und fest werden lassen.

4 Für die Füllung Zitroneneiscreme leicht antauen lassen und geschmeidig rühren. Sahne sehr steif schlagen, mit der Eiscreme vermengen und kuppelförmig auf den Boden streichen. Torte bis zum Servieren einfrieren.

5 Am Serviertag die Torte etwa 1 Stunde vor dem Servieren aus dem Gefrierfach nehmen und etwas antauen lassen. Kurz vor dem Servieren die Torte mit den Baisertortenstücken belegen und mit Zitronenscheiben und -schale garnieren.

Tipp: Angetaute und wieder eingefrorene Eiscreme sollten Sie nicht nochmals einfrieren und möglichst innerhalb eines Tages verzehren.
Den Baiserboden können Sie einige Tage vor dem Zubereiten backen und in einer gut schließenden Dose aufbewahren.
Statt den Baiserboden selbst zu backen, kann auch ein fertiger Baiserboden vom Bäcker verwendet werden.
Die Torte schmeckt auch mit Erdbeereis, dann die Torte mit Erdbeeren garnieren.

Nougatcremetorte

Raffiniert

Vorbereitung:
Torte 1–3 Tage vorher

Für den Knetteig:
130 g Weizenmehl
40 g Zucker
90 g Butter oder Margarine

Für den Biskuitteig:
4 Eier (Größe M)
1 Eigelb (Größe M)
3 EL heißes Wasser
150 g Zucker
1 Pck. Vanillin-Zucker
150 g Weizenmehl
25 g Speisestärke
1 gestr. TL Backpulver
10 g Kakaopulver

Für die Nougatcreme:
2 Pck. Pudding-Pulver Sahne-Geschmack
500 ml (1/2 l) Milch
200 g Nuss-Nougat
150 g weiche Butter

Außerdem:
150 g Wild-Preiselbeeren (aus dem Glas)

Zubereitungszeit:
70 Minuten und etwa 27 Minuten Backzeit

Insgesamt:
E: 92 g, F: 300 g, Kh: 711 g, kJ: 24837, kcal: 5928

1 Für den Knetteig Mehl in eine Rührschüssel sieben. Restliche Zutaten hinzufügen und mit Handrührgerät mit Knethaken zunächst kurz auf niedrigster, dann auf höchster Stufe gut durcharbeiten. Anschließend auf der leicht bemehlten Arbeitsfläche kurz zu einem glatten Teig verkneten und auf dem gefetteten Boden einer Springform (Ø 26 cm) ausrollen. Den Teig mehrfach mit einer Gabel einstechen, Springformrand darumstellen und die Form auf dem Rost in den Backofen schieben.

Ober-/Unterhitze: etwa 200 °C (vorgeheizt)
Heißluft: etwa 180 °C (vorgeheizt)
Gas: Stufe 3–4 (vorgeheizt)
Backzeit: etwa 15 Minuten.

2 Springformrand lösen, den Boden vom Springformboden lösen, aber darauf auf einem Kuchenrost erkalten lassen.

3 Für den Biskuitteig Eier, Eigelb und Wasser mit Handrührgerät mit Rührbesen auf höchster Stufe in 1 Minute schaumig schlagen. Zucker und Vanillin-Zucker mischen, in 1 Minute einstreuen, dann noch etwa 2 Minuten weiterschlagen. Mehl mit Speisestärke und Backpulver mischen, die Hälfte davon auf die Eiercreme sieben und kurz auf niedrigster Stufe unterrühren. Den Rest des Mehlgemisches auf die gleiche Weise unterarbeiten. Den Teig halbieren und unter eine Hälfte Kakaopulver rühren. Die Teige in je einen Gefrierbeutel füllen, eine Ecke abschneiden und abwechselnd diagonal auf ein Backblech (30 x 40 cm, gefettet, mit Backpapier belegt) spritzen. Das Backblech in den Backofen schieben und den Teig **bei gleicher Backtemperatur etwa 12 Minuten backen**. Die Gebäckplatte auf eine Arbeitsfläche stürzen und mit dem Backpapier erkalten lassen. Anschließend Backpapier vorsichtig abziehen.

4 Für die Nougatcreme Pudding-Pulver mit etwas von der Milch verrühren. Restliche Milch erhitzen und Nougat darin auflösen. Nougatmilch zum Kochen bringen und das angerührte Pudding-Pulver einrühren, nochmals unter Rühren aufkochen lassen und von der Kochstelle nehmen. Den Pudding direkt mit Frischhaltefolie bedecken und erkalten lassen (nicht kalt stellen). Butter mit Handrührgerät mit Rührbesen schaumig schlagen. Pudding nach und nach unterrühren, dabei darauf achten, dass Butter und Pudding Zimmertemperatur haben, da die Creme sonst gerinnt.

5 Aus dem Gebäckboden einen runden Boden (Ø gut 22 cm) und mehrere 5 cm breite Streifen schneiden. Die Streifen mit der Hälfte

(Fortsetzung Seite 40)

der Preiselbeeren bestreichen. Den Knetteigboden auf eine Tortenplatte legen, mit den restlichen Preiselbeeren bestreichen und den ausgeschnittenen Boden darauf legen. Den Springformrand oder einen Tortenring um den Knetteigboden stellen und die Streifen mit der bestrichenen Seite nach innen an den Rand stellen. Die Gebäckreste fein zerbröseln. Die Hälfte der Nougatcreme auf dem Boden verstreichen. 3–4 Esslöffel von den Bröseln beiseite stellen, restliche Brösel auf der Creme verteilen und leicht andrücken. Restliche Creme vorsichtig darauf streichen. Beiseite gestellte Brösel als breiten Rand aufstreuen und die Torte bis zum Serviertag kalt stellen.

Gefüllte Sandtorte

Einfach

Vorbereitung:
Torte 1–3 Tage vorher gefriergeeignet

Für den Knetteig:
350 g Weizenmehl
1 gestr. TL Backpulver
100 g Zucker
100 g abgezogene, gemahlene Mandeln
1 Ei (Größe M)
200 g Butter oder Margarine

Für die Füllung:
1 Glas (395 g) Wild-Preiselbeeren

Zum Bestreichen und Bestreuen:
etwas Milch, 25 g abgezogene, gehackte Mandeln

Zum Bestäuben:
1 Pck. Vanillin-Zucker
1–2 EL Puderzucker

Zubereitungszeit:
50 Minuten, ohne Kühlzeit, und etwa 40 Minuten Backzeit

Insgesamt:
E: 72 g, F: 245 g, Kh: 558 g, kJ: 19762, kcal: 4719

1 Für den Teig Mehl mit Backpulver mischen und in eine Rührschüssel sieben. Zucker, Mandeln, Ei und Butter oder Margarine hinzufügen. Die Zutaten mit Handrührgerät mit Knethaken zunächst kurz auf niedrigster, dann auf höchster Stufe gut durcharbeiten. Anschließend auf der leicht bemehlten Arbeitsfläche kurz zu einem Teig verkneten.

2 Den Teig dritteln und daraus jeweils eine Platte (Ø 26 cm) ausrollen. Zwei der Platten vorsichtig auf Backpapier aufrollen, die letzte Platte in eine Springform (Ø 26 cm, Boden gefettet, mit Backpapier belegt) legen und mit der Hälfte der Preiselbeeren bestreichen. Eine Platte durch Abrollen vom Backpapier auf die Preiselbeerschicht legen und mit den restlichen Preiselbeeren bestreichen. Eine weitere Teigplatte darauf legen, mit einer Gabel mehrmals einstechen, mit Milch bestreichen und kreisförmig mit Mandeln bestreuen. Die Form auf dem Rost in den Backofen schieben.

Ober-/Unterhitze: etwa 180 °C (vorgeheizt)
Heißluft: etwa 160 °C (nicht vorgeheizt)
Gas: Stufe 2–3 (nicht vorgeheizt)
Backzeit: etwa 40 Minuten.

3 Die Torte nach dem Backen aus der Springform lösen, sofort mit einer Mischung aus Vanillin-Zucker und Puderzucker bestäuben und auf einem Kuchenrost erkalten lassen. Anschließend die Torte bis zum Serviertag in Alufolie verpackt an einem kühlen, trockenen Ort lagern.

Tipp: Die Torte vor dem Servieren nochmals mit etwas Puderzucker bestäuben.
Ohne Puderzucker kann die Torte auch eingefroren werden, dann die Torte nach dem Auftauen bei der Backtemperatur in 5 Minuten aufbacken und anschließend mit Puderzucker bestäuben.

Schnelle Schokocremetorte

Beliebt – Für Kinder

Vorbereitung:
Böden 1–7 Tage vorher

Für den Knetteig:
300 g Weizenmehl
2 gestr. TL Backpulver
150 g Zucker
1 Pck. Bourbon-Vanille-Zucker
150 g gemahlene Haselnusskerne
50 g gehobelte Haselnusskerne
1 Ei (Größe M)
200 g Butter oder Margarine

Zum Bestreuen:
2 EL Milch
80 g gehobelte Haselnusskerne
40 g Zucker

Für die Füllung:
600 ml Schlagsahne
3 Pck. Saucenpulver Schokoladen-Geschmack, ohne Kochen

Zubereitungszeit:
40 Minuten, ohne Kühlzeit, und etwa 60 Minuten Backzeit

Insgesamt:
E: 86 g, F: 545 g, Kh: 548 g, kJ: 31051, kcal: 7411

1 Für den Teig Mehl mit Backpulver mischen und in eine Rührschüssel sieben. Restliche Zutaten hinzufügen und mit Handrührgerät mit Knethaken zunächst kurz auf niedrigster, dann auf höchster Stufe gut durcharbeiten. Anschließend auf einer leicht bemehlten Arbeitsfläche kurz zu einem glatten Teig verkneten.

2 Teig vierteln und jedes Viertel zu einer Kugel formen. Eine Kugel auf dem Boden einer Springform (Ø 26 cm, gefettet) ausrollen und den Springformrand darumstellen. Den Boden mit etwas Milch bestreichen, mit je einem Viertel der Haselnusskerne und des Zuckers bestreuen und die Form auf dem Rost in den Backofen schieben.

Ober-/Unterhitze: etwa 200 °C (vorgeheizt)
Heißluft: etwa 180 °C (vorgeheizt)
Gas: Stufe 3–4 (vorgeheizt)
Backzeit: etwa 15 Minuten je Boden.

3 Boden sofort vom Springformboden lösen, aber darauf auf einem Kuchenrost erkalten lassen. Die anderen 3 Böden ebenso ausrollen und backen. Die Böden nach dem Erkalten gut in Alufolie verpacken, so halten sie bis zu einer Woche frisch.

4 Am Serviertag für die Füllung Sahne 1 Minute schlagen, dann Saucenpulver einstreuen und die Sahne steif schlagen. Einen Boden auf eine Tortenplatte legen und ein Drittel der Schokocreme darauf verstreichen. Zweiten Boden auflegen, mit der Hälfte der restlichen Creme bestreichen und den dritten Boden darauf legen. Die restliche Creme darauf verstreichen und den letzten Boden auflegen. Die Torte bis zum Servieren kalt stellen.

Tipp: Die Torte lässt sich am besten mit einem elektrischen Messer schneiden. Sie können die Torte auch am Vortag füllen, dann sind die Böden am Serviertag etwas weicher.
Die Torte bekommt eine fruchtige Note, wenn Sie die Böden zunächst mit etwas Konfitüre (Aprikose, Kirsche oder Preiselbeere) bestreichen. Die Haselnusskerne können durch Mandeln ersetzt werden.

Schweizer Kartoffeltorte

Klassisch – Mit Alkohol

Vorbereitung:
Torte 1–3 Tage vorher

Zum Vorbereiten:
200 g fest kochende Kartoffeln

Für den Teig:
4 Eier (Größe M)
200 g Zucker
1 Pck. Finesse Geriebene Zitronenschale
2 EL Kirschwasser
100 g abgezogene, gemahlene Mandeln
100 g gemahlene Haselnusskerne
1 gestr. TL Backpulver
65 g Hartweizengrieß

Für die Füllung:
250 g Himbeerkonfitüre

Für den Guss:
125 g Puderzucker
2 EL Zitronensaft

Zum Garnieren:
ganze und gehackte Haselnusskerne

Zubereitungszeit:
60 Minuten, ohne Abkühlzeit, und etwa 30 Minuten Backzeit

Insgesamt:
E: 74 g, F: 160 g, Kh: 582, kJ: 17274, kcal: 4124

1 Zum Vorbereiten Kartoffeln waschen, zugedeckt in einem Topf mit Wasser in etwa 20 Minuten gar kochen, abgießen und pellen. Die Kartoffeln noch warm durch eine Kartoffelpresse drücken und erkalten lassen.

2 Für den Teig Eier mit Handrührgerät mit Rührbesen auf höchster Stufe in 1 Minute schaumig schlagen. Zucker in 1 Minute einstreuen, dann noch etwa 2 Minuten schlagen. Zitronenschale und Kirschwasser unterrühren. Mandeln mit Haselnusskernen, Backpulver und Grieß mischen und in 2 Portionen auf niedrigster Stufe unterrühren. Zuletzt die Kartoffelmasse kurz unterarbeiten.

3 Den Teig in eine Springform (Ø 26 cm, Boden gefettet, mit Backpapier belegt) füllen und glatt streichen. Die Form auf dem Rost in den Backofen schieben.

Ober-/Unterhitze: etwa 180 °C (vorgeheizt)
Heißluft: etwa 160 °C (vorgeheizt)
Gas: Stufe 2–3 (vorgeheizt)
Backzeit: etwa 30 Minuten.

4 Den Tortenboden aus der Form lösen und auf einen mit Backpapier belegten Kuchenrost stürzen. Mitgebackenes Backpapier abziehen und den Boden erkalten lassen. Anschließend den Boden einmal waagerecht durchschneiden.

5 Den unteren Boden auf eine Platte legen und mit 200 g der Konfitüre bestreichen. Den oberen Boden darauf legen und leicht andrücken. Restliche Konfitüre durch ein Sieb streichen und den oberen Boden dünn damit bestreichen.

6 Für den Guss Puderzucker mit Zitronensaft zu einer dicklichen Masse verrühren. Den Guss über die Torte geben und mit einem Messer so verstreichen, dass er in „Nasen“ am Tortenrand herunterläuft. Die Torte mit Haselnusskernen garnieren und den Guss fest werden lassen.

7 Die Torte in Alufolie verpackt 1–3 Tage an einem kühlen, trockenen Ort lagern.

Tipp: Anstelle von Himbeerkonfitüre können Sie auch Johannisbeergelee verwenden.
Das Kirschwasser kann durch Zitronensaft ersetzt werden.
Die Torte ist ohne Glasur und Garnierung gefriergeeignet.

Presstorte

Raffiniert

Vorbereitung:
Torte 2–3 Tage vorher

Für den Biskuitteig:
4 Eier (Größe M)
4 EL heißes Wasser
200 g Zucker
125 g Weizenmehl
100 g Speisestärke
3 gestr. TL Backpulver

Für die Buttercreme:
1 Pck. Pudding-Pulver Vanille-Geschmack
60 g Zucker
500 ml (1/2 l) Milch
250 g Butter

Zum Tränken:
250 ml (1/4 l) starker, kalter Kaffee
evtl. 5–6 EL Rum oder Orangensaft

Außerdem:
150 g Butterkekse

Zum Aprikotieren:
4–5 EL Aprikosenkonfitüre

Für den Guss:
150 g Halbbitter-Kuvertüre
1 EL Speiseöl
evtl. 20 g abgezogene, gehobelte Mandeln

Zubereitungszeit:
60 Minuten, ohne Abkühl- und Durchziehzeit, und etwa 25 Minuten Backzeit

Insgesamt:
E: 90 g, F: 355 g, Kh: 757 g, kJ: 27904, kcal: 6670

1 Für den Teig Eier und Wasser mit Handrührgerät mit Rührbesen auf höchster Stufe in 1 Minute schaumig schlagen. Zucker in 1 Minute einstreuen, dann noch etwa 2 Minuten schlagen. Mehl mit Speisestärke und Backpulver mischen, die Hälfte davon auf die Eiercreme sieben und kurz auf niedrigster Stufe unterrühren. Den Rest des Mehlgemisches auf die gleiche Weise unterarbeiten. Den Teig in eine Springform (Ø 26 cm, Boden gefettet, mit Backpapier belegt) füllen. Die Form auf dem Rost in den Backofen schieben.

Ober-/Unterhitze: etwa 180 °C (vorgeheizt)
Heißluft: etwa 160 °C (vorgeheizt)
Gas: Stufe 2–3 (vorgeheizt)
Backzeit: etwa 25 Minuten.

2 Den Boden aus der Form lösen, auf einen mit Backpapier belegten Kuchenrost stürzen, das mitgebackene Backpapier abziehen und den Boden erkalten lassen. Anschließend den erkalteten Boden zweimal waagerecht durchschneiden.

3 Für die Buttercreme aus Pudding-Pulver, Zucker und Milch nach Packungsanleitung einen Pudding zubereiten, mit Frischhaltefolie zudecken und erkalten lassen (nicht kalt stellen). Butter mit Handrührgerät mit Rührbesen geschmeidig rühren und den Pudding esslöffelweise unterrühren, dabei darauf achten, dass Butter und Pudding Zimmertemperatur haben, da die Creme sonst gerinnt.

4 Den mittleren Boden zerbröseln und in eine Schüssel geben. Kaffee evtl. mit Rum vermischen und mit den Biskuitbröseln vermengen. Den unteren Biskuitboden auf eine Tortenplatte legen und einen Tortenring oder den gesäuberten Springformrand darumstellen. Ein Drittel der Buttercreme auf den Boden streichen. Die Hälfte der Butterkekse darauf verteilen und mit der Hälfte der getränkten Biskuitbrösel bedecken.

5 Darauf das zweite Drittel Buttercreme streichen, die restlichen Butterkekse und die restlichen Biskuitbrösel darauf schichten. Die restliche Buttercreme darauf streichen und mit dem oberen Boden belegen. Den gesäuberten Springformboden auf die Torte legen, mit einem schweren Schneidbrett oder 2–3 Tellern beschweren und das Gebäck 2 Tage im Kühlschrank durchziehen lassen.

6 Am Tag vor dem Servieren das Gebäck vorsichtig aus dem Tortenring oder Springformrand lösen. Zum Aprikotieren Konfitüre durch ein Sieb streichen, in einem kleinen Topf unter Rühren erhitzen

(Fortsetzung Seite 48)

und die Torte damit bestreichen. Für den Guss Kuvertüre grob zerkleinern, mit Öl in einem Topf im Wasserbad bei schwacher Hitze geschmeidig rühren und die Torte damit überziehen. Nach Belieben die Torte mit Mandeln bestreuen und den Guss fest werden lassen. Die Torte bis zum Serviertag in Alufolie verpackt an einem kühlen, trockenen Ort lagern.

Tipp: Statt mit Mandeln können Sie die Torte auch mit Mini-Butterkeksen oder Mokkabohnen garnieren.

Linzer Torte

Klassisch

Vorbereitung:
Torte 2–5 Tage vorher gefriergeeignet

Für den Knetteig:
225 g Weizenmehl
1 gestr. TL Backpulver
125 g Zucker
1 Pck. Vanillin-Zucker
2 Tropfen Bittermandel-Aroma
1 Msp. gemahlene Nelken
1 gestr. TL gemahlener Zimt
1 Prise Salz
1 Ei (Größe M)
1 Eiweiß (Größe M)
125 g Butter oder Margarine
100 g nicht abgezogene, gemahlene Mandeln

Für den Belag:
100 g Himbeerkonfitüre

Zum Bestreichen:
1 Eigelb (Größe M), 1 TL Milch

Zubereitungszeit:
30 Minuten und etwa 30 Minuten Backzeit

Insgesamt:
E: 58 g, F: 176 g, Kh: 364 g, kJ: 13673, kcal: 3264

1 Für den Teig Mehl mit Backpulver mischen und in eine Rührschüssel sieben. Zucker, Vanillin-Zucker, Aroma, Nelken, Zimt, Salz, Ei, Eiweiß, Butter oder Margarine und Mandeln hinzufügen und mit Handrührgerät mit Knethaken zunächst kurz auf niedrigster, dann auf höchster Stufe gut durcharbeiten. Anschließend auf einer leicht bemehlten Arbeitsfläche kurz zu einem Teig verkneten.

2 Knapp die Hälfte des Teiges zu einer Platte in der Größe der Springform (Ø 28 cm) ausrollen und mit einem Teigrädchen 16–20 Streifen daraus schneiden. Den übrigen Teig auf dem gefetteten Springformboden ausrollen und den Springformrand darumstellen.

3 Für den Belag den Teigboden mit der Himbeerkonfitüre bestreichen, dabei am Rand etwa 1 cm Teig frei lassen. Die Teigstreifen gitterförmig über die Konfitüre legen.

4 Zum Bestreichen Eigelb mit Milch verschlagen und die Teigstreifen damit bestreichen. Die Form auf dem Rost in den Backofen schieben.

Ober-/Unterhitze: etwa 180 °C (vorgeheizt)
Heißluft: etwa 160 °C (vorgeheizt)
Gas: Stufe 2–3 (vorgeheizt)
Backzeit: etwa 30 Minuten.

5 Den Springformrand entfernen, das Gebäck vom Springformboden lösen, aber darauf auf einem Kuchenrost erkalten lassen. Die Torte in Alufolie verpackt bis zum Serviertag an einem trockenen, kühlen Ort lagern.

Tipp: Anstelle von Mandeln schmecken auch Haselnusskerne.

Geburtstagstorte

Zum Verschenken

Vorbereitung:
Torte 1–4 Tage vorher

Für den runden Boden:
175 g Weizenmehl
3 gestr. TL Backpulver
175 g Zucker
1 Pck. Vanillin-Zucker
3 Eier (Größe M)
50 ml Orangensaft oder Cointreau (Orangenlikör)
175 g Butter oder Margarine

Für den eckigen Boden:
125 g Weizenmehl
20 g Kakaopulver
2 gestr. TL Backpulver
125 g Zucker
1 Pck. Vanillin-Zucker
2 Eier (Größe M)
50 ml Kirschsaft oder Cola-Getränk oder Kirschwasser
150 g Butter oder Margarine

Zum Füllen:
200 g Nuss-Nougat
125 g Kirschkonfitüre

Für den Guss:
300 g Vollmilch-Kuvertüre
2 EL Speiseöl

Zum Verzieren:
50 g weiße Kuvertüre

Zubereitungszeit:
50 Minuten, ohne Kühlzeit, und etwa 45 Minuten Backzeit

Insgesamt:
E: 103 g, F: 476 g, Kh: 961 g, kJ: 35961, kcal: 8604

1 Für den runden Boden Mehl mit Backpulver mischen und in eine Rührschüssel sieben. Restliche Zutaten hinzufügen und alles mit Handrührgerät mit Rührbesen auf höchster Stufe in etwa 2 Minuten zu einem Teig verarbeiten. Den Teig in eine Springform (Ø 26 cm, Boden gefettet) füllen, glatt streichen und die Form auf dem Rost in den Backofen schieben.

Ober-/Unterhitze: etwa 180 °C (vorgeheizt)
Heißluft: etwa 160 °C (vorgeheizt)
Gas: Stufe 2–3 (vorgeheizt)
Backzeit: etwa 30 Minuten.

2 Den Boden aus der Form lösen, auf einen Kuchenrost stürzen und erkalten lassen. Anschließend einmal waagerecht durchschneiden.

3 Für den eckigen Boden Mehl mit Kakaopulver und Backpulver mischen und in eine Rührschüssel sieben. Restliche Zutaten hinzufügen und alles mit Handrührgerät mit Rührbesen auf höchster Stufe in etwa 2 Minuten zu einem Teig verarbeiten. Ein Backblech mit Backpapier belegen. Einen Backrahmen (20 x 30 cm) darauf stellen und den Teig darin gleichmäßig glatt streichen. Das Backblech in den Backofen schieben.

Ober-/Unterhitze: etwa 200 °C (vorgeheizt)
Heißluft: etwa 180 °C (vorgeheizt)
Gas: Stufe 3–4 (vorgeheizt)
Backzeit: etwa 15 Minuten.

4 Den Backrahmen vorsichtig lösen, die Kuchenplatte auf einen Kuchenrost stürzen und erkalten lassen. Anschließend das Backpapier abziehen und die Kuchenplatte senkrecht halbieren, so dass zwei Hälften (je 20 x 15 cm) entstehen.

5 Zum Füllen Nougat in einem kleinen Topf im Wasserbad bei schwacher Hitze geschmeidig rühren und auf den unteren runden Boden streichen. Den oberen runden Boden darauf legen und gut andrücken. Eine rechteckige Kuchenhälfte mit der Kirschkonfitüre bestreichen, mit der anderen Kuchenhälfte bedecken und gut andrücken.

6 Für den Guss Kuvertüre grob hacken, mit dem Öl in einem Topf im Wasserbad bei schwacher Hitze geschmeidig rühren und die beiden Kuchen damit überziehen. Wenn die Kuvertüre etwas fest geworden ist, den eckigen auf den runden Kuchen setzen.

(Fortsetzung Seite 52)

Happy
Birthday

7 Zum Verzieren die weiße Kuvertüre in einem kleinen Topf im Wasserbad bei schwacher Hitze geschmeidig rühren, in ein Papiertütchen oder einen Gefrierbeutel füllen und eine kleine Ecke abschneiden. Die eckige Torte damit umranden und die Oberfläche damit beschriften. Die Verzierung fest werden lassen und die Torte bis zum Servieren in Alufolie verpackt an einem kühlen, trockenen Ort lagern.

Tipp: Nach Belieben Marzipan-Rohmasse mit etwas Puderzucker verkneten, mit verschiedenen Speisefarben einfärben, Figuren daraus formen und die Torte damit garnieren.
Tränken Sie die unteren Böden vor dem Füllen mit jeweils 2–3 Esslöffeln Orangensaft oder Cointreau. Torte ist ohne Guss gefriergeeignet.

Mousse-au-Chocolat-Tarte

Raffiniert – Schnell zubereitet

Vorbereitung:
Torte 1–5 Tage vorher

Für den Teig:
200 g Zartbitterschokolade
150 g Butter
5 Eiweiß (Größe M)
1 Prise Salz
5 Eigelb (Größe M)
100 g Zucker
1 Pck. Bourbon-Vanille-Zucker
100 g abgezogene, gemahlene Mandeln
1 Pck. Pudding-Pulver Schokoladen-Geschmack
1 Msp. Backpulver

Zum Servieren:
1 EL Kakaopulver
200 ml Schlagsahne

Zubereitungszeit:
25 Minuten, ohne Abkühlzeit, und etwa 35 Minuten Backzeit

Insgesamt:
E: 78 g, F: 344 g, Kh: 241 g, kJ: 18256, kcal: 4357

1 Für den Teig Schokolade in Stücke brechen und mit der Butter in einem Topf bei schwacher Hitze auflösen. Schoko-Butter-Masse beiseite stellen und abkühlen lassen. Eiweiß mit Salz so steif schlagen, dass ein Messerschnitt sichtbar bleibt.

2 In einer anderen Schüssel Eigelb mit Zucker und Vanille-Zucker mit Handrührgerät mit Rührbesen weißschaumig rühren und die Schoko-Butter-Masse unterrühren. Eischnee unterheben. Mandeln mit Pudding-Pulver und Backpulver mischen und ebenfalls unterheben.

3 Den Teig in eine Springform (Ø 26 cm, Boden gefettet, mit Backpapier belegt) füllen und die Form auf dem Rost in den Backofen schieben.

Ober-/Unterhitze: etwa 180 °C (vorgeheizt)
Heißluft: etwa 160 °C (nicht vorgeheizt)
Gas: Stufe 2–3 (nicht vorgeheizt)
Backzeit: etwa 35 Minuten.

4 Die Tarte etwa 1 Stunde in der Form abkühlen lassen, dann den Springformrand lösen und entfernen. Die Tarte auf einen Kuchenrost setzen und völlig erkalten lassen.

5 Die Tarte bis zum Serviertag in Alufolie verpackt kalt stellen. Am Serviertag die Tarte mit Kakaopulver bestäuben und mit steif geschlagener Sahne servieren.

Tipp: Die Mousse-au-Chocolat-Tarte schmeckt weniger herb, wenn Sie die Hälfte der Zartbitterschokolade durch Vollmilchschokolade ersetzen.

Schneller Bienenstich

Einfach

Vorbereitung:
Boden 1–3 Tage vorher
Torte 1 Tag vorher

Für den Biskuitteig:
4 Eier (Größe M)
150 g Zucker
1 Pck. Vanillin-Zucker
125 g Weizenmehl
2 gestr. TL Backpulver
50 g abgezogene, gemahlene Mandeln

Zum Bestreuen:
100 g abgezogene, gehobelte Mandeln
15 g Zucker

Außerdem:
25 g Butter

Für die Füllung:
1 Pck. Paradiescreme Vanille-Geschmack (Dessertpulver)
400 ml Schlagsahne

Zubereitungszeit:
35 Minuten und etwa 30 Minuten Backzeit

Insgesamt:
E: 84 g, F: 260 g, Kh: 333 g, kJ: 16672, kcal: 3978

1 Für den Teig Eier mit Handrührgerät mit Rührbesen auf höchster Stufe in 1 Minute schaumig schlagen. Zucker und Vanillin-Zucker mischen, in 1 Minute einstreuen, dann noch etwa 2 Minuten weiterschlagen.

2 Mehl mit Backpulver mischen, auf die Eiercreme sieben und kurz auf niedrigster Stufe unterrühren. Zuletzt die Mandeln unterrühren. Den Teig in eine Springform (Ø 26 cm, Boden gefettet, mit Backpapier belegt) geben, die gehobelten Mandeln darauf verteilen und mit Zucker bestreuen. Die Form auf dem Rost in den Backofen schieben.

Ober-/Unterhitze: etwa 180 °C (vorgeheizt)
Heißluft: etwa 160 °C (vorgeheizt)
Gas: Stufe 2–3 (vorgeheizt)
Backzeit: etwa 30 Minuten.

3 Den Boden aus der Form lösen und auf einen Kuchenrost legen. Butter zerlassen, auf dem heißen Boden verteilen und den Boden erkalten lassen. Den erkalteten Boden bis zum Serviertag in Alufolie einschlagen und am Serviertag einmal waagerecht durchschneiden.

4 Am Serviertag für die Füllung Paradiescreme und Sahne mit Handrührgerät mit Rührbesen in etwa 3 Minuten cremig schlagen. Die Creme auf den unteren Boden streichen, den oberen Boden darauf legen und die Torte bis zum Servieren kalt stellen.

Tipp: Der Boden kann auch in Alufolie verpackt und eingefroren werden.
Probieren Sie die Füllung statt mit Paradiescreme Vanille-Geschmack mit Paradiescreme Schokoladen- oder Karamell-Geschmack.
Der schnelle Bienenstich kann am Vortag komplett fertig gestellt werden. Er zieht dann im Kühlschrank etwas durch.

Drei-Tage-Torte

Beliebt – Mit Alkohol

Vorbereitung:
Böden 3–4 Tage vorher
Torte 3 Tage vorher

Für den Rührteig:
200 g Butter oder Margarine
200 g Zucker
1 Pck. Vanillin-Zucker
1 Prise Salz
4 Eier (Größe M)
200 g Weizenmehl
2 gestr. TL Backpulver

Für den dunklen Teig:
2 EL Kakaopulver
2 EL Milch

Für die Füllung:
500 ml (1/2 l) Schlagsahne
2 Pck. Sahnesteif
80 g Zucker
1 Pck. Vanillin-Zucker
400 g Schmand
oder Crème fraîche

Zum Beträufeln:
6 EL Rum

Für den Guss:
100 g Puderzucker
1–2 EL Rum

Zum Bestäuben:
Kakaopulver

Zubereitungszeit:
40 Minuten, ohne Durchziehzeit, und 40–45 Minuten Backzeit

Insgesamt:
E: 80 g, F: 465 g, Kh: 590 g, kJ: 29553, kcal: 7063

1 Für den Teig Butter oder Margarine mit Handrührgerät mit Rührbesen auf höchster Stufe geschmeidig rühren. Nach und nach Zucker, Vanillin-Zucker und Salz unterrühren. So lange rühren, bis eine gebundene Masse entstanden ist. Eier nach und nach unterrühren (jedes Ei etwa 1/2 Minute). Mehl mit Backpulver mischen, sieben und in 2 Portionen auf mittlerer Stufe unterrühren. Ein Drittel des Teiges in eine Springform (Ø 26 cm, Boden gefettet) geben und glatt streichen.

2 Kakaopulver und Milch unter den restlichen Teig rühren. Den Teig in eine zweite Springform (Ø 26 cm, Boden gefettet) geben und glatt streichen. Die Formen nacheinander (bei Heißluft zusammen) auf dem Rost in den Backofen schieben.

Ober-/Unterhitze: etwa 180 °C (vorgeheizt)
Heißluft: etwa 160 °C (vorgeheizt)
Gas: Stufe 2–3 (vorgeheizt)
Backzeit: 15–20 Minuten für den hellen Boden,
etwa 25 Minuten für den dunklen Boden.

3 Die Böden aus den Formen lösen, auf Kuchenroste stürzen und erkalten lassen. Anschließend den dunklen Boden einmal waagerecht durchschneiden.

4 Für die Füllung Sahne mit Sahnesteif, Zucker und Vanillin-Zucker steif schlagen. Schmand oder Crème fraîche verrühren und die Sahne unterheben. 3 Esslöffel der Sahnecreme zum Bestreichen des Tortenrandes abnehmen und beiseite stellen.

5 Den unteren dunklen Boden auf eine Tortenplatte legen, mit 2 Esslöffeln Rum beträufeln und mit der Hälfte der Sahnecreme bestreichen. Den hellen Boden darauf legen, ebenfalls mit 2 Esslöffeln Rum beträufeln und mit der restlichen Sahnecreme bestreichen. Den oberen dunklen Boden darauf legen, etwas andrücken und mit dem restlichen Rum beträufeln. Den Tortenrand mit der zurückgestellten Sahnecreme bestreichen.

6 Für den Guss Puderzucker sieben, mit Rum zu einer dickflüssigen Masse verrühren und auf dem oberen Boden verstreichen. Die Torte zugedeckt 3 Tage in den Kühlschrank stellen und durchziehen lassen.

7 Am Serviertag die Torte mit Kakaopulver bestäuben, nach Belieben vorher Papierschablonen auf die Tortenoberfläche legen.

(Fortsetzung Seite 58)

Tipp: Die Torte ist ohne Puderzuckerguss gefriergeeignet. Dann die Oberfläche am Serviertag nur dick mit Puderzucker und mit etwas Kakaopulver bestäuben.

Abwandlung: Zusätzlich 1 Glas Sauerkirschen (Abtropfgewicht 370 g) abtropfen lassen, dabei die Flüssigkeit auffangen. 30 g Speisestärke mit etwas von dem Saft anrühren. Den restlichen Saft in einem Topf zum Kochen bringen, Speisestärke einrühren und unter Rühren aufkochen lassen. Kirschen unterrühren, die Masse mit Zucker abschmecken und auf dem unteren dunklen, mit Rum beträufelten Boden verteilen. Erst dann die Hälfte der Sahnecreme darauf streichen.

Zwei-Wochen-Cognactorte

Mit Alkohol

Vorbereitung:
Torte 10–14 Tage vorher

Für den Rührteig:
6 Eiweiß (Größe M)
250 g Butter oder Margarine
250 g Zucker
6 Eigelb (Größe M)
250 g Weizenmehl
2 gestr. TL Backpulver
50 g nicht abgezogene, gemahlene Mandeln
250 g Raspelschokolade

Zum Tränken:
250 ml (1/4 l) Cognac

Für den Guss:
200 g Zartbitterschokolade
2 TL Speiseöl

Zubereitungszeit:
40 Minuten und etwa 75 Minuten Backzeit

Insgesamt:
E: 113 g, F: 416 g, Kh: 656 g, kJ: 30857, kcal: 7369

1 Für den Teig Eiweiß so steif schlagen, dass ein Messerschnitt sichtbar bleibt. Butter oder Margarine mit Handrührgerät mit Rührbesen auf höchster Stufe geschmeidig rühren. Nach und nach Zucker unterrühren. So lange rühren, bis eine gebundene Masse entstanden ist.

2 Eigelb nach und nach unterrühren. Mehl mit Backpulver mischen, sieben und in 2 Portionen abwechselnd mit den Mandeln auf mittlerer Stufe unterrühren. Raspelschokolde kurz unterrühren und zuletzt den Eischnee unterheben.

3 Den Teig in eine Springform (Ø 26 cm, Boden gefettet) geben, glatt streichen und die Form auf dem Rost in den Backofen schieben.

Ober-/Unterhitze: etwa 180 °C (vorgeheizt)
Heißluft: etwa 160 °C (nicht vorgeheizt)
Gas: Stufe 2–3 (nicht vorgeheizt)
Backzeit: etwa 75 Minuten.

4 Die Torte aus der Form lösen und auf einem Kuchenrost etwas abkühlen lassen. Anschließend die noch warme Torte mit Hilfe eines Pinsels nach und nach mit dem Cognac tränken, ohne vorher Löcher in die Torte zu stechen. Die Torte völlig erkalten lassen.

5 Für den Guss Schokolade in Stücke brechen und mit dem Öl in einem Topf im Wasserbad bei schwacher Hitze geschmeidig rühren. Die Torte damit vollständig überziehen und den Guss fest werden lassen.

6 Anschließend die Torte gut in Alufolie verpacken und etwa 2 Wochen an einem kühlen, trockenen Ort lagern.

Schoko-Amarettini-Torte

Beliebt – Mit Alkohol

Vorbereitung:
Boden 1–3 Tage vorher
Torte 1–2 Tage vorher

Für den Biskuitteig:
4 Eier (Größe M)
4 EL Amaretto
oder heißes Wasser
150 g Zucker
1 Pck. Bourbon-Vanille-Zucker
150 g Weizenmehl
1 gestr. TL Backpulver
100 g gemahlene Haselnusskerne
100 g Zartbitter-Raspelschokolade

Für die Füllung:
75 g Amarettini (italienisches Mandelgebäck)
400 ml Schlagsahne
1 Pck. Vanillin-Zucker
1 Pck. Sahnesteif

Zum Verzieren und Bestreichen:
400 ml Schlagsahne
1 Pck. Vanillin-Zucker
1 TL Zucker
1 Pck. Sahnesteif
1 leicht geh. TL Kakaopulver

Zum Garnieren:
einige Amarettini
1 TL Kakaopulver

Zubereitungszeit:
50 Minuten und etwa 30 Minuten Backzeit

Insgesamt:
E: 91 g, F: 373 g, Kh: 480 g, kJ: 23786, kcal: 5674

1 Für den Teig Eier und Amaretto oder Wasser mit Handrührgerät mit Rührbesen auf höchster Stufe in 1 Minute schaumig schlagen. Zucker und Vanille-Zucker mischen, in 1 Minute einstreuen, dann noch etwa 2 Minuten weiterschlagen.

2 Mehl mit Backpulver mischen, auf die Eiercreme sieben und kurz auf niedrigster Stufe unterrühren. Zuletzt kurz Nusskerne und Raspelschokolade unterrühren. Den Teig in eine Springform (Ø 26 cm, Boden gefettet, mit Backpapier belegt) geben und glatt streichen. Die Form auf dem Rost in den Backofen schieben.

Ober-/Unterhitze: etwa 180 °C (vorgeheizt)
Heißluft: etwa 160 °C (vorgeheizt)
Gas: Stufe 2–3 (vorgeheizt)
Backzeit: etwa 30 Minuten.

3 Den Boden aus der Form lösen, auf einen mit Backpapier belegten Kuchenrost stürzen, mitgebackenes Backpapier abziehen und den Boden erkalten lassen. Anschließend den Boden zweimal waagerecht durchschneiden.

4 Für die Füllung Amarettini in einen Gefrierbeutel geben, ihn verschließen und die Amarettini mit einer Teigrolle zerbröseln. Sahne mit Vanillin-Zucker und Sahnesteif steif schlagen und die Amarettinibrösel unterheben. Den unteren Boden auf eine Tortenplatte legen und mit der Hälfte der Creme bestreichen. Mittleren Boden auflegen, mit der restlichen Creme bestreichen, den letzten Boden auflegen und leicht andrücken.

5 Zum Verzieren Sahne mit Vanillin-Zucker, Zucker und Sahnesteif steif schlagen. Ein Drittel davon abnehmen, mit dem Kakao verrühren und in einen Spritzbeutel mit kleiner Lochtülle füllen. Helle Sahne ebenfalls in einen Spritzbeutel mit kleiner Lochtülle füllen und am Rand abwechselnd helle und dunkle Stäbchen senkrecht aufspritzen. Restliche helle und dunkle Sahne auf die Tortenoberfläche geben und locker verstreichen. Die Torte bis zum Serviertag kalt stellen.

6 Am Serviertag die Torte mit Amarettini garnieren und mit Kakao bestäuben.

Tipp: Sie können die Böden mit je 1 Esslöffel Amaretto tränken.

Engadiner Nusstorte

Klassisch

Vorbereitung:
Torte 1–7 Tage vorher
gefriergeeignet

Für den Knetteig:
275 g Weizenmehl
1 gestr. TL Backpulver
100 g Zucker
1 Pck. Vanillin-Zucker
1 Prise Salz
1 Ei (Größe M)
150 g Butter oder Margarine

Für die Füllung:
250 g Pekannusskerne
225 g Zucker
200 ml Schlagsahne
1–2 EL flüssiger Honig
1 Eiweiß (Größe M)

Zum Bestreichen:
1 Eigelb (Größe M)
1 EL Wasser

Zubereitungszeit:
50 Minuten, ohne Kühl- und Durchziehzeit, und etwa 45 Minuten Backzeit

Insgesamt:
E: 77 g, F: 386 g, Kh: 569 g, kJ: 25261, kcal: 6032

1 Für den Teig Mehl mit Backpulver mischen und in eine Rührschüssel sieben. Zucker, Vanillin-Zucker, Salz, Ei und Butter oder Margarine hinzufügen. Die Zutaten mit Handrührgerät mit Knethaken zuerst kurz auf niedrigster, dann auf höchster Stufe gut durcharbeiten. Anschließend auf der leicht bemehlten Arbeitsfläche kurz zu einem Teig verkneten und in Frischhaltefolie gewickelt kalt stellen.

2 Für die Füllung Pekannusskerne grob hacken. Zucker in eine Pfanne geben und bei mittlerer Hitze erhitzen (nicht umrühren, da sich sonst Klümpchen bilden). Wenn sich der Zucker gelöst hat (bevor der Zucker braun wird, den letzten Rest verrühren), die Pfanne von der Kochstelle nehmen und nach und nach Pekannusskerne unterrühren. Sahne hinzufügen und die Masse unter Rühren etwas einkochen lassen. Honig unterrühren und die Masse etwas abkühlen lassen. Dann das Eiweiß unterrühren.

3 Die Hälfte des Teiges auf dem gefetteten Boden einer Springform (Ø 26 cm) ausrollen. Den Springformrand darumstellen. Zwei Drittel des übrigen Teiges zwischen Frischhaltefolie zu einer runden Platte in Größe der Springform ausrollen. Den restlichen Teig zu einer Rolle formen, als Rand auf den Boden legen und so an die Form drücken, dass ein etwa 2 cm hoher Rand entsteht.

4 Die Füllung gleichmäßig auf den Teigboden streichen. Die Teigplatte darauf legen, am Rand festdrücken und die Oberfläche mehrmals mit einer Gabel einstechen. Eigelb mit Wasser verquirlen und die Teigplatte damit bestreichen. Die Form auf dem Rost in den Backofen schieben.

Ober-/Unterhitze: etwa 180 °C (vorgeheizt)
Heißluft: etwa 160 °C (nicht vorgeheizt)
Gas: Stufe 2–3 (nicht vorgeheizt)
Backzeit: etwa 45 Minuten.

5 Die Torte aus der Form lösen, auf einem Kuchenrost erkalten und in Alufolie verpackt mindestens 1 Tag durchziehen lassen.

Tipp: Die Engadiner Nusstorte wird im Original mit Walnusskernen gemacht, die aber schnell bitter schmecken. Sie können die Pekannusskerne jedoch auch gegen die gleiche Menge Walnusskerne austauschen.
Nach Belieben aus Teigresten vom Ausrollen Ornamente ausstechen, diese auf die obere Teigplatte legen und mit verquirltem Eigelb bestreichen (Foto).

Marzipancremetorte

Klassisch

Vorbereitung:
Torte 2–3 Tage vorher

Für den Biskuitteig:
3 Eier (Größe M)
3 EL heißes Wasser
150 g Zucker
100 g Weizenmehl
50 g Speisestärke
20 g Kakaopulver
1 gestr. TL Backpulver

Für die Marzipancreme:
200 g Marzipan-Rohmasse
450 ml Milch
1 Pck. Pudding-Pulver Mandel-Geschmack oder Sahne-Geschmack
2 Eier (Größe M)
400 ml Schlagsahne

Für die Decke:
200 g Marzipan-Rohmasse
25 g Puderzucker

Zum Bestäuben:
1 TL Kakaopulver

Zubereitungszeit:
60 Minuten, ohne Kühlzeit, und etwa 30 Minuten Backzeit

Insgesamt:
E: 124 g, F: 321 g, Kh: 509 g, kJ: 22647, kcal: 5407

1 Für den Teig Eier und Wasser mit Handrührgerät mit Rührbesen auf höchster Stufe in 1 Minute schaumig schlagen. Zucker in 1 Minute einstreuen, dann noch etwa 2 Minuten weiterschlagen. Mehl mit Speisestärke, Kakaopulver und Backpulver mischen, die Hälfte davon auf die Eiercreme sieben und kurz auf niedrigster Stufe unterrühren. Den Rest des Mehlgemisches auf die gleiche Weise unterarbeiten. Den Teig in eine Springform (Ø 26 cm, Boden gefettet, mit Backpapier belegt) füllen, glatt streichen und die Form auf dem Rost in den Backofen schieben.

Ober-/Unterhitze: etwa 180 °C (vorgeheizt)
Heißluft: etwa 160 °C (vorgeheizt)
Gas: Stufe 2–3 (vorgeheizt)
Backzeit: etwa 30 Minuten.

2 Den Boden aus der Form lösen, auf einen mit Backpapier belegten Kuchenrost stürzen und erkalten lassen. Anschließend mitgebackenes Backpapier abziehen und den Boden zweimal waagerecht durchschneiden.

3 Für die Marzipancreme Marzipan klein schneiden. 100 ml von der Milch mit Pudding-Pulver und Eiern verrühren. Restliche Milch zum Kochen bringen, Marzipanstücke darin unter Rühren auflösen, angerührtes Pudding-Pulver einrühren und unter Rühren aufkochen lassen. Creme von der Kochstelle nehmen und erkalten lassen, dabei gelegentlich umrühren.

4 Sahne steif schlagen und unter den erkalteten Marzipanpudding heben. Den unteren Boden auf eine Tortenplatte legen und mit gut einem Drittel der Marzipancreme bestreichen. Den zweiten Boden auflegen und mit gut der Hälfte der restlichen Creme bestreichen. Den oberen Boden auflegen, leicht andrücken und die Torte rundherum mit der restlichen Creme bestreichen. Die Torte bis zum Serviertag kalt stellen.

5 Für die Decke Marzipan mit Puderzucker verkneten und zwischen Frischhaltefolie zu einer Platte (Ø etwa 35 cm) ausrollen. Die Decke vorsichtig in Frischhaltefolie einpacken und bis zum Serviertag an einem kühlen, trockenen Ort liegen lassen (nicht in den Kühlschrank legen).

6 Am Serviertag die Marzipandecke locker über die Torte legen, am Rand etwas andrücken und die Torte mit Kakaopulver bestäuben.

Florentiner Nusstorte „Spezial"

Raffiniert – Mit Alkohol

Vorbereitung:
Torte 1–3 Tage vorher

Für den Biskuitteig:
6 Eigelb (Größe M)
3 EL Wasser
5 Tropfen Zitronen-Aroma
125 g Zucker
1 Pck. Vanillin-Zucker
100 g Marzipan-Rohmasse
100 g Weizenmehl
2 gestr. TL Backpulver
100 g gemahlene Haselnusskerne
75 g zerlassene, abgekühlte Butter
6 Eiweiß (Größe M)

Für den Knetteig:
250 g Weizenmehl
1 gestr. TL Backpulver
100 g Zucker
175 g Butter oder Margarine

Für den Belag:
40 g Butter, 40 g Zucker
40 ml Schlagsahne, 10 g Honig
40 g abgezogene, gehobelte Mandeln

Zum Tränken:
60 g Zucker, 1 1/2 EL Wasser
6 EL (gut 70 ml) Rum

Zum Bestreichen:
100 g Halbbitter-Kuvertüre
200 g Nuss-Nougat

Für den Rand:
gehobelte, gebräunte Haselnusskerne

Zubereitungszeit:
60 Minuten, ohne Abkühlzeit, und etwa 70 Minuten Backzeit

1 Für den Biskuitteig Eigelb mit Wasser und Aroma mit Handrührgerät mit Rührbesen auf höchster Stufe schaumig schlagen. Zucker und Vanillin-Zucker mischen, einstreuen und gut verrühren. Marzipan in sehr kleine Würfel schneiden und gut unterrühren. Mehl und Backpulver mischen, sieben und zusammen mit den Haselnusskernen kurz auf niedrigster Stufe unterrühren. Butter ebenfalls kurz unterrühren. Eiweiß sehr steif schlagen und vorsichtig unterheben. Den Teig in eine Springform (Ø 26 cm, Boden gefettet, mit Backpapier belegt) füllen. Die Form auf dem Rost in den Backofen schieben.

Ober-/Unterhitze: etwa 180 °C (vorgeheizt)
Heißluft: etwa 160 °C (nicht vorgeheizt)
Gas: Stufe 2–3 (nicht vorgeheizt)
Backzeit: etwa 40 Minuten.

2 Den Biskuitboden aus der Form lösen, auf einen mit Backpapier belegten Kuchenrost stürzen und mitgebackenes Backpapier abziehen. Den Boden erkalten lassen.

3 Für den Knetteig Mehl mit Backpulver mischen und in eine Rührschüssel sieben. Zucker und Butter oder Margarine hinzufügen. Die Zutaten mit Handrührgerät mit Knethaken zunächst kurz auf niedrigster, dann auf höchster Stufe gut durcharbeiten. Anschließend auf der leicht bemehlten Arbeitsfläche kurz zu einem Teig verkneten. Sollte er kleben, ihn in Folie gewickelt eine Zeit lang kalt stellen. Aus dem Teig 2 Böden zubereiten. Dafür jeweils die Hälfte des Teiges auf dem Boden einer Springform (Ø 26 cm, Boden gefettet) ausrollen, mehrmals mit einer Gabel einstechen und einen Springformrand darumstellen.

4 Für den Belag Butter mit Zucker, Sahne und Honig in einem Topf unter Rühren gut aufkochen lassen. Mandeln unterrühren und die Masse gleichmäßig auf einen der Knetteigböden streichen. Die Formen nacheinander (bei Heißluft zusammen) auf dem Rost in den Backofen schieben.

Ober-/Unterhitze: etwa 200 °C (vorgeheizt)
Heißluft: etwa 180 °C (vorgeheizt)
Gas: Stufe 3–4 (vorgeheizt)
Backzeit: etwa 15 Minuten je Boden.

5 Die Böden sofort vom Springformboden lösen. Den Mandelboden sofort in 16 Stücke schneiden und die Böden erkalten lassen. Zum Tränken Zucker und Wasser in einem kleinen Topf unter Rühren

(Fortsetzung Seite 68)

Insgesamt:
E: 135 g, F: 509 g, Kh: 834 g, kJ: 35969, kcal: 8595

erhitzen, bis der Zucker gelöst ist. Rum unterrühren. Den Biskuitboden von der Unter- und Oberseite damit tränken.

6 Zum Bestreichen Schokolade in kleine Stücke brechen, in einem kleinen Topf im Wasserbad bei schwacher Hitze geschmeidig rühren. Den Knetteigboden damit bestreichen und den Biskuitboden darauf legen. Nuss-Nougat nach Packungsanleitung auflösen, Tortenoberfläche und -rand damit bestreichen und den in Stücke geschnittenen Mandelboden darauf legen. Den Tortenrand mit Haselnusskernen bestreuen und die Torte in Alufolie verpackt mindestens 1 Tag an einem kühlen, trockenen Ort lagern.

Tipp: Der Rum kann durch Orangensaft ersetzt werden.

Kartoffel-Haselnuss-Torte

Preiswert – Mit Alkohol

Vorbereitung:
Torte 1–5 Tage vorher

Für den Teig:
300 g gekochte, noch warme Kartoffeln
4 Eigelb (Größe M)
200 g Zucker
125 g gemahlene Haselnusskerne, 3 EL Rum
4 Eiweiß (Größe M)

Zum Bestreichen:
3 EL Aprikosenkonfitüre

Für den Guss:
150 g Halbbitter-Kuvertüre
1 EL Speiseöl

Zum Garnieren:
50 g weiße Kuvertüre
Marzipankartoffeln

Zubereitungszeit:
45 Minuten, ohne Abkühlzeit, und etwa 35 Minuten Backzeit

Insgesamt:
E: 66 g, F: 193 g, Kh: 455 g, kJ: 16343, kcal: 3913

1 Für den Teig Kartoffeln durch ein Sieb oder eine Kartoffelpresse drücken. Eigelb und Zucker mit Handrührgerät mit Rührbesen auf höchster Stufe zu einer cremigen Masse schlagen. Kartoffeln, Haselnusskerne und Rum hinzufügen und auf mittlerer Stufe unterrühren. Eiweiß steif schlagen und unterheben. Den Teig in eine Springform (Ø 26 cm, Boden gefettet) füllen. Die Form auf dem Rost in den Backofen schieben.

Ober-/Unterhitze: etwa 180 °C (vorgeheizt)
Heißluft: etwa 160 °C (nicht vorgeheizt)
Gas: Stufe 2–3 (nicht vorgeheizt)
Backzeit: etwa 35 Minuten.

2 Den Boden aus der Form lösen und auf einem Kuchenrost etwas abkühlen lassen. Zum Bestreichen die Konfitüre unter Rühren in einem kleinen Topf etwas einkochen lassen. Die Oberfläche und den Rand des lauwarmen Bodens damit bestreichen.

3 Für den Guss Kuvertüre grob hacken und mit Öl in einem kleinen Topf im Wasserbad bei schwacher Hitze geschmeidig rühren. Die erkaltete Torte damit überziehen. Die weiße Kuvertüre ebenso geschmeidig rühren, in ein kleines Papiertütchen oder einen kleinen Gefrierbeutel füllen und eine kleine Ecke abschneiden. Nach Belieben Muster auf den noch feuchten Guss spritzen und die Torte mit Marzipankartoffeln garnieren. Die Torte vorsichtig in Alufolie einschlagen und bis zum Serviertag an einem trockenen, kühlen Ort lagern.

Tipp: Die Torte ist ohne Guss und Garnierung gefriergeeignet.

Getränkte Weißweintorte

Mit Alkohol

Vorbereitung:
Torte 1–3 Tage vorher
gefriergeeignet

Für den Teig:
175 g Blockschokolade
5 Eiweiß (Größe M)
5 Eigelb (Größe M)
150 g Zucker
1 Pck. Vanillin-Zucker
125 g Weizenmehl
25 g Speisestärke
25 g Kakaopulver
2 gestr. TL Backpulver

Zum Tränken:
125 ml (1/8 l) Weißwein
Saft von 1 Orange
30 g Zucker

Zum Bestreichen und Bestreuen:
400 ml Schlagsahne
1 Pck. Sahnesteif
2 Pck. Vanillin-Zucker
25 g Blockschokolade

Zubereitungszeit:
35 Minuten und etwa 30 Minuten Backzeit

Insgesamt:
E: 82 g, F: 230 g, Kh: 456 g, kJ: 18025, kcal: 4303

1 Für den Teig Schokolade fein hacken. 75 g davon in einem kleinen Topf bei schwacher Hitze unter Rühren geschmeidig rühren und abkühlen lassen. Eiweiß so steif schlagen, dass ein Messerschnitt sichtbar bleibt, und beiseite stellen. Eigelb mit Zucker und Vanillin-Zucker mit Handrührgerät mit Rührbesen auf höchster Stufe cremig rühren und die flüssige Schokolade unterrühren.

2 Mehl mit Speisestärke, Kakaopulver und Backpulver mischen, sieben und unterrühren. Eischnee unterheben. Zuletzt die gehackte Schokolade unterheben. Einen Backrahmen (25 x 25 cm) auf ein mit Backpapier belegtes Backblech stellen. Den Teig einfüllen, glatt streichen und das Backblech in den Backofen schieben.

Ober-/Unterhitze: etwa 180 °C (vorgeheizt)
Heißluft: etwa 160 °C (vorgeheizt)
Gas: Stufe 2–3 (vorgeheizt)
Backzeit: etwa 30 Minuten.

3 Den Boden auf dem Backblech mit dem Backrahmen auf einen Kuchenrost stellen. Zum Tränken Wein mit Orangensaft und Zucker verrühren und den noch heißen Boden damit tränken. Anschließend den Boden erkalten lassen.

4 Zum Bestreichen Backrahmen lösen und entfernen. Sahne mit Sahnesteif und Vanillin-Zucker steif schlagen und locker auf der Oberfläche des erkalteten Bodens verstreichen. Die Torte bis zum Serviertag kalt stellen. Blockschokolade fein reiben und bis zum Serviertag in einer Dose aufbewahren.

5 Am Serviertag die Torte mit der Blockschokolade bestreuen.

Tipp: Sie können die Torte auch in einer Springform (Ø 26 cm) zubereiten.
Fruchtiger wird die Weißweintorte, wenn Sie den Boden vor dem Aufstreichen der Sahne mit etwa 3 Esslöffeln Preiselbeerkonfitüre bestreichen.
Statt Weißwein schmeckt zum Tränken auch Rotwein oder Sherry.

Feine Schokoladentorte

Klassisch

Vorbereitung:
Torte 1–5 Tage vorher

Für den Rührteig:
150 g Zartbitterschokolade
150 g Butter oder Margarine
75 g Zucker
1 Pck. Vanillin-Zucker
2 Eier (Größe M)
4 Eigelb (Größe M)
150 g Weizenmehl
15 g Kakaopulver
1 gestr. TL Backpulver
4 Eiweiß (Größe M)
75 g Zucker

Zum Bestreichen:
4–6 EL Johannisbeergelee

Für den Guss:
100 g Zartbitterschokolade
5 EL Schlagsahne

Zubereitungszeit:
35 Minuten und
etwa 45 Minuten Backzeit

Insgesamt:
E: 88 g, F: 267 g, Kh: 431 g,
kJ: 19373, kcal: 4627

1 Für den Teig Schokolade in Stücke brechen, in einem kleinen Topf im Wasserbad bei schwacher Hitze geschmeidig rühren und abkühlen lassen.

2 Butter oder Margarine mit Handrührgerät mit Rührbesen auf höchster Stufe geschmeidig rühren. Nach und nach Zucker, Vanillin-Zucker und Schokolade unterrühren. So lange rühren, bis eine gebundene Masse entstanden ist. Eier und Eigelb nach und nach unterrühren (jedes Ei etwa 1/2 Minute).

3 Mehl mit Kakao und Backpulver mischen, sieben und in 2 Portionen auf mittlerer Stufe unterrühren. Eiweiß steif schlagen (der Eischnee muss so fest sein, dass ein Messerschnitt sichtbar bleibt) und Zucker nach und nach unterschlagen. Den Eischnee vorsichtig unter den Teig heben. Den Teig in eine Springform (Ø 26 oder 28 cm, Boden gefettet, mit Backpapier belegt) füllen und glatt streichen. Die Form auf dem Rost in den Backofen schieben.

Ober-/Unterhitze: etwa 180 °C (vorgeheizt)
Heißluft: etwa 160 °C (nicht vorgeheizt)
Gas: 2–3 (nicht vorgeheizt)
Backzeit: etwa 45 Minuten.

4 Den Boden aus der Form lösen, auf einen Kuchenrost stürzen, das Backpapier abziehen und den Boden erkalten lassen. Anschließend den Boden einmal waagerecht durchschneiden.

5 Zum Bestreichen Gelee glatt rühren, den unteren Boden mit der Hälfte davon bestreichen und mit dem oberen Boden bedecken. Tortenrand und -oberfläche mit dem restlichen Gelee bestreichen.

6 Für den Guss Schokolade in Stücke brechen, in einem kleinen Topf im Wasserbad bei schwacher Hitze auflösen und Sahne unterrühren, bis die Masse geschmeidig wird. Die Torte damit überziehen und den Guss fest werden lassen. Die Torte in Alufolie verpackt mindestens 1 Tag an einem kühlen, trockenen Ort lagern.

Tipp: Anstelle von Johannisbeergelee können Sie zum Bestreichen auch Aprikosenkonfitüre verwenden.
Die Torte ist ohne Gelee und Guss gefriergeeignet.

Rum-Kuppeltorte

Mit Alkohol

Vorbereitung:
Torte 1–3 Tage vorher

Für den All-in-Teig:
175 g Weizenmehl
25 g Kakaopulver
3 gestr. TL Backpulver
175 g Zucker
1 Pck. Vanillin-Zucker
4 Eier (Größe M)
2 EL Rum
175 g Butter oder Margarine

Für die Buttercreme:
500 ml (1/2 l) Milch
1 Pck. Pudding-Pulver Vanille-Geschmack
75 g Zucker
50–75 ml Rum
200 g weiche Butter

Für Guss und Verzierung:
200 g Halbbitter-Kuvertüre
50 g weiße Kuvertüre
1 EL Speiseöl

Zubereitungszeit:
60 Minuten, ohne Kühlzeit, und etwa 30 Minuten Backzeit

Insgesamt:
E: 86 g, F: 461 g, Kh: 574 g, kJ: 29274, kcal: 6999

1 Für den Teig Mehl mit Kakaopulver und Backpulver mischen und in eine Rührschüssel sieben. Restliche Zutaten hinzufügen und alles mit Handrührgerät mit Rührbesen auf höchster Stufe in etwa 2 Minuten zu einem Teig verarbeiten. Den Teig in eine Springform (Ø 26 cm, Boden gefettet, mit Backpapier belegt) geben, glatt streichen und die Form auf dem Rost in den Backofen schieben.

Ober-/Unterhitze: etwa 180 °C (vorgeheizt)
Heißluft: etwa 160 °C (vorgeheizt)
Gas: Stufe 2–3 (vorgeheizt)
Backzeit: etwa 30 Minuten.

2 Den Boden aus der Form lösen und auf einem Kuchenrost erkalten lassen. Anschließend mitgebackenes Backpapier abziehen und den Boden zweimal waagerecht durchschneiden.

3 Für die Buttercreme aus Milch, Pudding-Pulver und Zucker nach Packungsanleitung einen Pudding zubereiten. Den Pudding direkt mit Frischhaltefolie bedecken und erkalten lassen (nicht kalt stellen), anschließend Rum unterrühren.

4 Butter mit Handrührgerät mit Rührbesen schaumig schlagen und den Rumpudding nach und nach unterrühren, dabei darauf achten, dass Butter und Pudding Zimmertemperatur haben, da die Creme sonst gerinnt.

5 Den unteren Boden auf eine Tortenplatte legen und mit knapp der Hälfte der Creme leicht kuppelförmig bestreichen. Zweiten Boden auflegen, leicht andrücken und wieder kuppelförmig mit der restlichen Creme bestreichen (4 Esslöffel Creme zurücklassen). Den oberen Boden auflegen, gut andrücken und die Torte mit der zurückgelassenen Creme dünn bestreichen. Die Torte kalt stellen.

6 Für Guss und Verzierung Kuvertüre grob hacken und voneinander getrennt in einem Topf im Wasserbad bei schwacher Hitze geschmeidig rühren. Die weiße Kuvertüre und die gleiche Menge an dunkler Kuvertüre getrennt in Gefrierbeutel füllen, je eine Ecke abschneiden und lange, dickere Streifen auf Backpapier spritzen. Die Streifen im Kühlschrank fest werden lassen.

7 Restliche dunkle Kuvertüre mit Öl verrühren und die Torte damit überziehen. Die hellen und dunklen Streifen in unterschiedlich lange Stücke brechen, sofort hochkant an den Tortenrand in die noch feuchte Kuvertüre setzen und die Kuvertüre fest werden lassen. Die Torte gut verpackt bis zum Serviertag kalt stellen.

Ostpreußische Silvestertorte

Dauert länger

Vorbereitung:
Torte 1–3 Tage vorher

Für den Rührteig:
100 g Zartbitterschokolade
200 g Butter oder Margarine
175 g Zucker
1 Prise Salz
1 Pck. (10 g) Pfefferkuchengewürz
4 Eier (Größe M)
375 g Weizenmehl
1 Pck. Backpulver
125 ml (1/8 l) Milch

Zum Bestreichen:
250 g Johannisbeergelee

Zum Garnieren:
400 g Marzipan-Rohmasse
100 g gesiebter Puderzucker
1 Pck. Finesse Jamaica-Rum-Aroma
2 Eier (Größe M)
2 Eigelb (Größe M)

Zum Verzieren:
75 g Johannisbeergelee

Zubereitungszeit:
50 Minuten, ohne Abkühl- und Durchziehzeit, und etwa 60 Minuten Backzeit

Insgesamt:
E: 151 g, F: 400 g, Kh: 948 g, kJ: 33481, kcal: 7996

1 Für den Teig Schokolade auf einer Küchenreibe fein reiben. Butter oder Margarine mit Handrührgerät mit Rührbesen auf höchster Stufe geschmeidig rühren. Nach und nach Zucker, Salz und Pfefferkuchengewürz unterrühren. So lange rühren, bis eine gebundene Masse entstanden ist.

2 Eier nach und nach unterrühren (jedes Ei etwa 1/2 Minute). Mehl mit Backpulver mischen, sieben und in 2 Portionen abwechselnd mit der Milch auf mittlerer Stufe unterrühren. Zuletzt Schokolade kurz unterrühren. Den Teig in eine Springform (Ø 26 cm, Boden gefettet) füllen und glatt streichen. Die Form auf dem Rost in den Backofen schieben.

Ober-/Unterhitze: etwa 180 °C (vorgeheizt)
Heißluft: etwa 160 °C (nicht vorgeheizt)
Gas: Stufe 2–3 (nicht vorgeheizt)
Backzeit: etwa 60 Minuten.

3 Den Tortenboden aus der Form lösen und auf einem mit Backpapier belegten Kuchenrost erkalten lassen. Anschließend den Boden einmal waagerecht durchschneiden.

4 Zum Bestreichen den unteren Boden auf eine Platte legen und mit knapp der Hälfte des glatt gerührten Gelees bestreichen. Den oberen Boden auflegen und etwas andrücken. Tortenoberfläche und -rand mit dem restlichen Gelee bestreichen.

5 Zum Garnieren Marzipan sehr klein schneiden und mit Puderzucker, Aroma, Eiern und Eigelb mit Handrührgerät mit Rührbesen zu einer geschmeidigen Masse verrühren. Die Masse portionsweise in einen Spritzbeutel mit kleiner Sterntülle geben und die Tortenoberfläche gitterartig damit verzieren. Den Tortenrand mit gespritzten Herzen verzieren. Die Torte vorsichtig auf dem Rost im unteren Drittel in den Backofen schieben und unter dem vorgeheizten Grill etwa 5 Minuten überbacken. Die Torte abkühlen lassen, dann in Alufolie verpackt mindestens 1 Tag an einem kühlen, trockenen Ort durchziehen lasssen.

6 Am Serviertag zum Verzieren Gelee in einem Topf aufkochen lassen, etwas abkühlen lassen und in ein Papiertütchen oder einen kleinen Gefrierbeutel füllen. Eine kleine Ecke abschneiden und die Marzipanzwischenräume auf der Oberfläche damit füllen.

Tipp: Statt Johannisbeergelee können Sie auch Hagebuttenkonfitüre oder Holunderbeergelee verwenden.

Schnelle Prinzregententorte

Einfach

Vorbereitung:
Torte 1–3 Tage vorher

Für den Biskuitteig:
4 Eier (Größe M)
150 g Zucker
1 Pck. Vanillin-Zucker
75 g Weizenmehl
75 g Speisestärke
1 gestr. TL Backpulver
50 g Kokosraspel

Für die Füllung:
200 g weiche Butter
1 Becher (500 g) Schokoladenpudding aus dem Kühlregal (Zimmertemperatur)
50 g zerlassenes, abgekühltes Kokosfett

Für den Guss:
1 Pck. dunkle Schoko-Kuchenglasur
1 Pck. helle Schoko-Kuchenglasur

Zubereitungszeit:
40 Minuten, ohne Kühlzeit, und etwa 25 Minuten Backzeit

Insgesamt:
E: 61 g, F: 405 g, Kh: 470 g, kJ: 24151, kcal: 5754

1 Für den Teig Eier mit Handrührgerät mit Rührbesen auf höchster Stufe in 1 Minute schaumig schlagen. Zucker und Vanillin-Zucker mischen, in 1 Minute einstreuen, dann noch etwa 2 Minuten schlagen.

2 Mehl mit Speisestärke und Backpulver mischen, auf die Eiercreme sieben und kurz auf niedrigster Stufe unterrühren. Kokosraspel ebenfalls kurz unterarbeiten. Den Teig in eine Springform (Ø 26 cm, Boden gefettet, mit Backpapier belegt) füllen und die Form auf dem Rost in den Backofen schieben.

Ober-/Unterhitze: etwa 180 °C (vorgeheizt)
Heißluft: etwa 160 °C (vorgeheizt)
Gas: Stufe 2–3 (vorgeheizt)
Backzeit: etwa 25 Minuten.

3 Den Boden aus der Form lösen, auf einen mit Backpapier belegten Kuchenrost stürzen und mitgebackenes Backpapier abziehen. Den Boden erkalten lassen und anschließend zweimal waagerecht durchschneiden.

4 Für die Füllung Butter mit Handrührgerät mit Rührbesen geschmeidig rühren. Den Pudding esslöffelweise unterrühren, dabei darauf achten, dass Butter und Pudding Zimmertemperatur haben, da die Buttercreme sonst gerinnt. Zum Schluss das zerlassene Kokosfett unterrühren.

5 Den unteren Tortenboden auf eine Platte legen. Ein Drittel der Creme auf den unteren Boden streichen, zweiten Boden darauf legen, die Hälfte der restlichen Creme darauf streichen und mit dem oberen Boden bedecken. Oberfläche und -rand mit der restlichen Creme bestreichen und die Torte mindestens 1 Stunde kalt stellen.

6 Für den Guss helle und dunkle Glasur voneinander getrennt nach Packungsanleitung auflösen. Die Glasur in Klecksen auf die Torte geben und vorsichtig mit einem Messer so verteilen, dass der Guss marmorartig über die ganze Torte und den Rand läuft. Den Guss fest werden lassen und die Torte bis zum Serviertag in Alufolie verpackt kalt stellen.

Tipp: Sie können die Böden vor dem Füllen zusätzlich mit insgesamt 75 ml Cointreau oder Cognac tränken.
Die Kokosraspel im Teig können durch abgezogene, gemahlene Mandeln ersetzt werden.

Kleine Espresso-Torte

Beliebt

Vorbereitung:
Torte 1–3 Tage vorher

Zum Vorbereiten:
100 ml Espresso
150 g Zartbitterschokolade

Für den Biskuitteig:
3 Eier (Größe M)
150 g Zucker
1 Pck. Bourbon-Vanille-Zucker
5 Tropfen Butter-Vanille-Aroma
150 g Weizenmehl
25 g Speisestärke
2 gestr. TL Backpulver
75 g zerlassene, abgekühlte Butter

Für den Guss:
100 g Zartbitterschokolade
1 TL Speiseöl
1 TL Instantkaffeepulver

Für die Mascarponesauce:
250 g Mascarpone (italienischer Frischkäse)
50 g Zucker
1 Pck. Bourbon-Vanille-Zucker
100 ml Milch

Zubereitungszeit:
45 Minuten, ohne Abkühlzeit, und etwa 35 Minuten Backzeit

Insgesamt:
E: 69 g, F: 277 g, Kh: 471 g, kJ: 19557, kcal: 4668

1 Zum Vorbereiten Kaffee in einem Stieltopf erwärmen. Schokolade in Stücke brechen, unter Rühren darin auflösen, die Masse geschmeidig rühren und erkalten lassen.

2 Für den Teig Eier mit Handrührgerät mit Rührbesen auf höchster Stufe in 1 Minute schaumig schlagen. Zucker mit Vanille-Zucker mischen, in 1 Minute einstreuen, dann noch etwa 2 Minuten schlagen. Aroma und die Schokoladen-Kaffee-Masse auf niedrigster Stufe unterrühren.

3 Mehl mit Speisestärke und Backpulver mischen, die Hälfte davon auf die Eiercreme sieben und kurz auf niedrigster Stufe unterrühren. Den Rest des Mehlgemisches auf die gleiche Weise unterarbeiten, zuletzt die Butter kurz unterrühren. Den Teig in eine Springform (Ø 22 cm, Boden gefettet, mit Backpapier belegt) füllen und glatt streichen. Die Form auf dem Rost in den Backofen schieben.

Ober-/Unterhitze: etwa 180 °C (vorgeheizt)
Heißluft: etwa 160 °C (nicht vorgeheizt)
Gas: Stufe 2–3 (nicht vorgeheizt)
Backzeit: etwa 35 Minuten.

4 Nach dem Backen den Boden aus der Form lösen, auf einen mit Backpapier belegten Kuchenrost stürzen und erkalten lassen.

5 Für den Guss Schokolade in Stücke brechen und mit Öl in einem kleinen Topf im Wasserbad bei schwacher Hitze geschmeidig rühren, Instantkaffeepulver hinzufügen und unterrühren. Den Guss auf die Gebäckoberfläche geben, etwas verteilen und am Gebäckrand leicht herunterlaufen lassen, evtl. mit einem Tafelmesser am Rand verstreichen. Den Guss fest werden lassen. Die Torte in Alufolie verpacken und bis zum Serviertag an einem kühlen, trockenen Ort stehen lassen.

6 Am Serviertag für die Mascarponesauce Mascarpone mit Zucker, Vanille-Zucker und Milch verrühren. Die Sauce erst kurz vor dem Servieren zubereiten und zu der Torte reichen.

Tipp: Das Gebäck mit Puderzucker bestäuben und mit Mokkabohnen belegen (Foto).
Die Torte kann ohne Guss eingefroren werden.

Himbeer-Biskuitrolle

Schnell zubereitet

Vorbereitung:
Rolle 1–2 Tage vorher

Für den Biskuitteig:
3 Eier (Größe M)
1 Eigelb (Größe M)
60 g Zucker
1 Pck. Vanillin-Zucker
60 g Weizenmehl
1 Msp. Backpulver

Für die Füllung:
1 Beutel aus 1 Pck. Götterspeise Himbeer-Geschmack
80 g Zucker
350 ml Wasser
250 g Magerquark
250 ml (1/4 l) Schlagsahne
200 g frische oder TK-Himbeeren

Zum Garnieren und Bestäuben:
50 g frische oder TK-Himbeeren
Puderzucker

Zubereitungszeit:
35 Minuten, ohne Kühlzeit, und 8–10 Minuten Backzeit

Insgesamt:
E: 89 g, F: 106 g, Kh: 231 g, kJ: 9503, kcal: 2267

1 Für den Teig Eier und Eigelb mit Handrührgerät mit Rührbesen auf höchster Stufe in 1 Minute schaumig schlagen. Zucker und Vanillin-Zucker mischen, in 1 Minute einstreuen, dann noch etwa 2 Minuten schlagen. Mehl mit Backpulver mischen, auf die Eiercreme sieben und kurz auf niedrigster Stufe unterrühren.

2 Den Teig auf ein Backblech (30 x 40 cm, gefettet, mit Backpapier belegt) geben und glatt streichen. Das Backpapier unmittelbar vor dem Teig zur Falte knicken, so dass ein Rand entsteht. Das Backblech in den Backofen schieben.

Ober-/Unterhitze: etwa 220 °C (vorgeheizt)
Heißluft: etwa 200 °C (vorgeheizt)
Gas: Stufe 4–5 (vorgeheizt)
Backzeit: 8–10 Minuten.

3 Die Biskuitplatte sofort vom Rand lösen, mit dem Backpapier vom Backblech ziehen, auf die Arbeitsfläche stürzen und mit dem Backpapier erkalten lassen.

4 Für die Füllung Götterspeise mit Zucker und Wasser nach Packungsanleitung, aber mit nur 350 ml Wasser zubereiten, in eine Rührschüssel geben und etwas abkühlen lassen. Quark mit einem Schneebesen unter die Götterspeise rühren. Masse kalt stellen, dabei gelegentlich umrühren. Wenn die Masse anfängt dicklich zu werden, Sahne steif schlagen und unterheben.

5 Mitgebackenes Backpapier von der Biskuitplatte abziehen und zwei Drittel der Creme darauf streichen. Himbeeren verlesen (nicht waschen) und darauf verteilen (dabei etwa 1 cm am Rand frei lassen, gefrorene Himbeeren unaufgetaut verwenden). Creme etwas fester werden lassen und die Biskuitplatte von der längeren Seite aus aufrollen, dabei evtl. die dunkle Backhaut entfernen. Die Rolle mit der restlichen Creme bestreichen und bis zum Serviertag kalt stellen.

6 Am Serviertag die Rolle mit Himbeeren garnieren und mit Puderzucker bestäuben.

Tipp: Der Quark in der Füllung kann durch Mascarpone oder Frischkäse ersetzt werden.

Himbeer-Buttermilch-Schnitten

Erfrischend

Vorbereitung:
Schnitten 1–2 Tage vorher

Für den Biskuitteig:
3 Eier (Größe M)
1 Eigelb (Größe M)
100 g Zucker
1 Pck. Vanillin-Zucker
5 Tropfen Butter-Vanille-Aroma
50 g Weizenmehl
25 g Speisestärke
1 Msp. Backpulver

Für die Füllung:
600 ml Schlagsahne
1 Pck. Sahnetortenhilfe
50 g Zucker
200 ml Buttermilch
200 g verlesene Himbeeren

Zum Besprenkeln und Vorbereiten:
100 g aufgelöste Halbbitter-Kuvertüre
50 g gehobelte Mandeln

Zum Verzieren und Garnieren:
125 ml (1/8 l) Schlagsahne
50 g verlesene Himbeeren
Puderzucker

Zubereitungszeit:
50 Minuten, ohne Kühlzeit, und 8–10 Minuten Backzeit

Insgesamt:
E: 80 g, F: 318 g, Kh: 389 g, kJ: 19907, kcal: 4756

1 Für den Teig Eier und Eigelb mit Handrührgerät mit Rührbesen auf höchster Stufe in 1 Minute schaumig schlagen. Zucker und Vanillin-Zucker mischen, in 1 Minute einstreuen, dann noch etwa 2 Minuten schlagen. Aroma kurz unterrühren. Mehl mit Speisestärke und Backpulver mischen, auf die Eiercreme sieben und kurz auf niedrigster Stufe unterrühren. Den Teig auf ein Backblech (30 x 40 cm, gefettet, mit Backpapier belegt) streichen. Backpapier an der offenen Seite des Backblechs unmittelbar vor dem Teig zu einer Falte knicken. Das Backblech in den Backofen schieben.

Ober-/Unterhitze: etwa 220 °C (vorgeheizt)
Heißluft: etwa 200 °C (vorgeheizt)
Gas: Stufe 4–5 (vorgeheizt)
Backzeit: 8–10 Minuten.

2 Die Biskuitplatte nach dem Backen auf ein mit Zucker bestreutes Backpapier stürzen und erkalten lassen, anschließend mitgebackenes Backpapier vorsichtig abziehen.

3 Für die Füllung Sahne steif schlagen. Sahnetortenhilfe mit Zucker und Buttermilch nach Packungsanleitung zubereiten und die Sahne unterheben. Biskuitplatte damit bestreichen, mit Himbeeren belegen und von der längeren Seite aus aufrollen. Die Rolle kalt stellen.

4 Zum Besprenkeln und Vorbereiten Kuvertüre grob hacken, in einen kleinen Gefrierbeutel geben und in einem kleinen Topf im Wasserbad bei schwacher Hitze auflösen. Beutel trockentupfen, etwas durchkneten und eine kleine Ecke abschneiden. Die Biskuitrolle damit besprenkeln und fest werden lassen. Rolle auf die bereits besprenkelte Seite legen, Unterseite ebenfalls besprenkeln und fest werden lassen. Die Biskuitrolle bis zum Serviertag kalt stellen.

5 Aus der restlichen Kuvertüre 12–14 Ornamente auf Backpapier spritzen und fest werden lassen. Mandeln in einer Pfanne ohne Fett leicht bräunen und auf einem Teller erkalten lassen. Ornamente und Mandeln in Dosen verpackt bis zum Serviertag beiseite stellen.

6 Am Serviertag die Rolle in etwa 3 cm dicke Scheiben schneiden, jeweils eine Schnittfläche mit den gebräunten Mandeln bestreuen und mit dieser Seite auf eine Tortenplatte legen. Sahne steif schlagen, die Schnitten damit verzieren, mit Himbeeren und den Schokoladenornamenten garnieren und mit Puderzucker bestäuben.

Tipp: Die Schnitten schmecken auch mit Kefir statt mit Buttermilch. Sie können statt Himbeeren auch Heidelbeeren verwenden.

Malagaschnitten

Raffiniert – Mit Alkohol

Vorbereitung:
Schnitten 1 Tag vorher
Kuchen 1–3 Tage vorher

Für den Schüttelteig:
200 g Butter oder Margarine
250 g Weizenmehl
100 g Speisestärke
3 gestr. TL Backpulver
150 g Zucker
1 Pck. Bourbon-Vanille-Zucker
6 Eier (Größe M)
100 ml Milch
50 g abgezogene, gehackte Mandeln

Zum Tränken:
1 Bio-Orange (unbehandelt, ungewachst)

Für die Füllung:
250 ml (1/4 l) Schlagsahne
1 Pck. Sahnesteif
250 g Mascarpone (italienischer Frischkäse)
1 Pck. Finesse Jamaica-Rum-Aroma
50 g Zucker
120 g Schokorosinen

Zum Garnieren und Bestreuen:
50 g abgezogene, gehobelte Mandeln
30 g Schokorosinen

Zubereitungszeit:
40 Minuten, ohne Kühlzeit, und etwa 60 Minuten Backzeit

Insgesamt:
E: 119 g, F: 476 g, Kh: 620 g, kJ: 30495, kcal: 7280

1 Für den Teig Butter oder Margarine zerlassen und abkühlen lassen. Mehl mit Speisestärke und Backpulver mischen, in eine verschließbare Schüssel (etwa 3 l) sieben und mit Zucker und Vanille-Zucker mischen. Eier, flüssige Butter oder Margarine und Milch hinzufügen. Schüssel mit dem Deckel fest verschließen.

2 Mehrmals (insgesamt 15–30 Sekunden) kräftig schütteln, so dass alle Zutaten gut vermischt sind. Mandeln hinzugeben und alles mit einem Schneebesen oder Rührlöffel durchrühren, damit trockene Zutaten vom Rand mit untergerührt werden. Den Teig in eine Kastenform (30 x 11 cm, gefettet, gemehlt) füllen und glatt streichen. Die Form auf dem Rost in den Backofen schieben.

Ober-/Unterhitze: etwa 180 °C (vorgeheizt)
Heißluft: etwa 160 °C (nicht vorgeheizt)
Gas: Stufe 2–3 (nicht vorgeheizt)
Backzeit: etwa 60 Minuten.

3 Den Kuchen 10 Minuten in der Form stehen lassen, dann aus der Form lösen und auf einem Kuchenrost etwas abkühlen lassen. Die Kuchenoberfläche mehrmals mit einem Holzstäbchen einstechen. Orange heiß abwaschen, abtrocknen und die Schale mit einer Küchenreibe abreiben. Orange auspressen, Saft und Schale vermengen, den warmen Kuchen damit tränken und erkalten lassen.

4 Für die Füllung Sahne mit Sahnesteif steif schlagen. Mascarpone mit Aroma und Zucker gut verrühren. Sahne unterheben und ein Drittel der Creme zum Bestreichen beiseite stellen. Zuletzt die Schokorosinen unterheben. Den Kuchen zweimal waagerecht durchschneiden. Die Hälfte der Mascarpone-Rosinen-Creme auf dem unteren Boden verteilen. Den zweiten Boden auflegen und mit der restlichen Mascarpone-Rosinen-Creme bestreichen. Den oberen Boden darauf legen und leicht andrücken. Kuchenoberfläche und -rand mit der beiseite gestellten Creme bestreichen und den Kuchen bis zum Serviertag kalt stellen.

5 Zum Garnieren Mandeln in einer Pfanne ohne Fett leicht bräunen, auf einem Teller abkühlen lassen und bis zum Serviertag in einer Dose aufbewahren.

6 Am Serviertag die Kuchenoberfläche mit Schokorosinen garnieren und den Kuchenrand mit den Mandeln bestreuen.

Tipp: Sie können den Kuchen bis zu 3 Tage vor dem Füllen backen, am Vortag füllen und am Serviertag garnieren.

Glühweinkuchen

Klassisch – Mit Alkohol

Vorbereitung:
Kuchen 1–5 Tage vorher

Für den Glühwein:
125 ml (1/8 l) Rotwein
3 EL Zitronensaft
abgeriebene Schale von
1/2 Bio-Zitrone (unbehandelt, ungewachst)
1–2 Zimtstangen
3 Gewürznelken
1 EL Zucker

Für den Rührteig:
150 g Zartbitterschokolade
300 g Butter oder Margarine
300 g Zucker
1 Pck. Vanillin-Zucker
6 Eier (Größe M)
300 g Weizenmehl
3 gestr. TL Backpulver

Für den Guss:
250 g Puderzucker
2–3 EL Zitronensaft

Zubereitungszeit:
25 Minuten, ohne Abkühlzeit, und etwa 45 Minuten Backzeit

Insgesamt:
E: 88 g, F: 343 g, Kh: 863 g, kJ: 29122, kcal: 6953

1 Für den Glühwein Rotwein mit Zitronensaft und -schale, Zimtstangen, Gewürznelken und Zucker gut aufkochen lassen. Anschließend abkühlen lassen und durch ein Sieb gießen.

2 Für den Rührteig Schokolade auf einer Küchenreibe fein reiben oder sehr fein hacken. Butter oder Margarine mit Handrührgerät mit Rührbesen auf höchster Stufe geschmeidig rühren. Nach und nach Zucker und Vanillin-Zucker unterrühren. So lange rühren, bis eine gebundene Masse entstanden ist. Eier nach und nach unterrühren (jedes Ei etwa 1/2 Minute).

3 Mehl mit Backpulver mischen, sieben und in 2 Portionen abwechselnd mit dem abgekühlten Glühwein auf mittlerer Stufe unterrühren. Zuletzt Schokolade kurz unterrühren. Den Teig in eine Napfkuchenform (Ø 22 cm, gefettet, gemehlt) füllen. Die Form auf dem Rost in den Backofen schieben.

Ober-/Unterhitze: etwa 180 °C (vorgeheizt)
Heißluft: etwa 160 °C (nicht vorgeheizt)
Gas: Stufe 2–3 (nicht vorgeheizt)
Backzeit: etwa 45 Minuten.

4 Den Kuchen etwa 10 Minuten in der Form abkühlen lassen, ihn dann auf einen Kuchenrost stürzen und erkalten lassen.

5 Für den Guss Puderzucker mit Zitronensaft zu einer dickflüssigen Masse verrühren und den Kuchen damit überziehen.

Tipp: Der Glühweinkuchen ist ohne Guss gefriergeeignet. Dann den Kuchen am Vortag auftauen lassen und mit Guss überziehen.
Nach Belieben etwas von dem Guss mit etwas Rotwein verrühren und den übrigen Guss damit besprenkeln (Foto).
Statt den Glühwein für den Teig selbst zuzubereiten, können Sie auch 125 ml (1/8 l) fertig gekauften Glühwein verwenden.
Noch aromatischer wird der Teig, wenn Sie ihn nur mit 250 g Mehl und zusätzlich 100 g gemahlenen Haselnusskernen zubereiten.
Der Glühweinkuchen kann statt mit Puderzuckerguss auch mit Schokoladenguss (aus 200 g Zartbitterschokolade und 2 Teelöffeln Speiseöl) überzogen werden.

Mandelherz

Zum Verschenken

Vorbereitung:
Kuchen 1–7 Tage vorher

Für den Teig:
100 g Butter
5 Eiweiß (Größe M)
175 g Zucker
1 Pck. Vanillin-Zucker
100 g Weizenmehl
1/2 gestr. TL Backpulver
100 g abgezogene, gemahlene Mandeln

Für den Guss:
100 g Zartbitterschokolade
100 ml Wasser
50 g gesiebter Puderzucker

Zubereitungszeit:
30 Minuten, ohne Abkühlzeit, und etwa 50 Minuten Backzeit

Insgesamt:
E: 57 g, F: 176 g, Kh: 356 g, kJ: 13495, kcal: 3223

1 Für den Teig Butter zerlassen und abkühlen lassen. Eiweiß mit Handrührgerät mit Rührbesen auf höchster Stufe steif schlagen, der Schnee muss so fest sein, dass ein Messerschnitt sichtbar bleibt. Nach und nach Zucker und Vanillin-Zucker unterschlagen.

2 Mehl mit Backpulver mischen, sieben und vorsichtig unterrühren. Mandeln unterheben. Zuletzt Butter kurz unterrühren. Den Teig in eine Herzform (etwa 2 l, gefettet, gemehlt) füllen. Die Form auf dem Rost in den Backofen schieben.

Ober-/Unterhitze: etwa 180 °C (vorgeheizt)
Heißluft: etwa 160 °C (nicht vorgeheizt)
Gas: 2–3 (nicht vorgeheizt)
Backzeit: etwa 50 Minuten.

3 Das Herz noch 5 Minuten in der Form stehen lassen, dann auf einen mit Backpapier belegten Kuchenrost stürzen und erkalten lassen.

4 Für den Guss Schokolade in Stücke brechen, mit Wasser in einem kleinen Topf unter Rühren zum Kochen bringen und Puderzucker unterrühren. Die Masse unter Rühren etwas einkochen lassen, bis sie anfängt dicklich zu werden. Topf von der Kochstelle nehmen und die Schokomasse etwas abkühlen lassen. Das Herz damit überziehen und den Guss fest werden lassen.

5 Das Herz in Alufolie verpackt mindestens 1 Tag an einem kühlen, trockenen Ort lagern.

Tipp: Anstelle von Schokolade, Wasser und Puderzucker können Sie für den Guss auch 150 g im Wasserbad aufgelöste Zartbitterschokolade mit 1 Teelöffel Öl verrühren und das Herz damit überziehen.
Saftiger wird das Herz, wenn Sie es vor dem Überziehen mit 50 ml Orangensaft, Cointreau oder Weinbrand tränken.
Anstelle von Mandeln schmecken auch gemahlene Pinienkerne.
Das Herz ist ohne Guss gefriergeeignet.

Schultüte

Für Kinder

Vorbereitung:
Kuchen 1–3 Tage vorher

Für den Teig:
250 g abgezogene, gemahlene Mandeln
300 g Möhren
5 Eigelb (Größe M)
150 g Zucker
1 Pck. Finesse Geriebene Zitronenschale
50 g Weizenmehl
1 Pck. Pudding-Pulver Vanille-Geschmack
1 gestr. TL Backpulver
5 Eiweiß (Größe M)

Außerdem:
2 Mikado-Schokostäbchen
3 EL Aprikosenkonfitüre
200 g Marzipan-Rohmasse
50 g gesiebter Puderzucker

Für den Guss:
250 g Puderzucker
3–4 EL Orangensaft
rote und gelbe Speisefarbe

Zubereitungszeit:
45 Minuten und etwa 60 Minuten Backzeit

Insgesamt:
E: 116 g, F: 244 g, Kh: 687 g, kJ: 22571, kcal: 5389

1 Für den Teig Mandeln in einer Pfanne ohne Fett leicht bräunen und auf einem Teller abkühlen lassen. Möhren putzen, waschen, abtropfen lassen und fein raspeln. Eigelb mit Zucker und Zitronenschale mit Handrührgerät mit Rührbesen cremig rühren. Mandeln und Möhren unterrühren. Mehl mit Pudding-Pulver und Backpulver mischen, sieben und kurz unterrühren. Eiweiß sehr steif schlagen und unterheben. Den Teig in eine Kastenform (30 x 11 cm, gefettet, gemehlt) füllen und glatt streichen. Die Form auf dem Rost in den Backofen schieben.

Ober-/Unterhitze: etwa 180 °C (vorgeheizt)
Heißluft: etwa 160 °C (nicht vorgeheizt)
Gas: Stufe 2–3 (nicht vorgeheizt)
Backzeit: etwa 60 Minuten.

2 Gebäck nach dem Backen noch etwa 10 Minuten in der Form stehen lassen, dann auf einen Kuchenrost legen und erkalten lassen.

3 Kuchenhälfte (15 cm) und Mitte einer schmalen Seite (5–6 cm) mit einem Messer markieren und auf einer Kuchenhälfte von der Mitte bis zum schmalen Ende auf jeder Seite eine Ecke abschneiden, so dass eine Spitze entsteht. Die abgeschnittenen Ecken umdrehen und an die entgegengesetzten Kanten der oberen Hälfte des Kuchens legen, so dass ein spitzes Dreieck entsteht (kleines Foto).

4 Angelegte Teile mit Schokostäbchen feststecken. Die Oberfläche und die Seiten des Kuchens mit Konfitüre bestreichen. Marzipan-Rohmasse mit Puderzucker verkneten, ausrollen, ein Dreieck für die Oberfläche sowie breite Streifen für den Rand ausschneiden und den Kuchen damit einkleiden. Die Kanten dabei gut zusammendrücken.

5 Für den Guss Puderzucker mit Orangensaft zu einer dickflüssigen Masse verrühren. 2–3 Esslöffel davon abnehmen, in zwei Portionen aufteilen, mit roter und gelber Speisefarbe verrühren und getrennt in Gefrierbeutel oder Papiertütchen füllen. Mit dem restlichen Guss den Kuchen überziehen. Eine Ecke vom Gefrierbeutel oder Papiertütchen abschneiden und im Wechsel rote und gelbe Querstreifen auf den noch feuchten Guss spritzen. Mit einem Holzspießchen von oben nach unten den Guss ineinander ziehen und ihn dann fest werden lassen (nicht in den Kühlschrank stellen). Die Schultüte in Alufolie verpackt an einem kühlen, trockenen Ort mindestens 1 Tag lagern.

Tipp: Der Kuchen ist ohne Marzipan und Guss gefriergeeignet.

Schule

Geschenkpäckchen

Zum Verschenken

Vorbereitung:
Kuchen 1–5 Tage vorher

Für den Rührteig:
250 g Butter oder Margarine
125 g Zucker
1 Pck. Vanillin-Zucker
4 Tropfen Bittermandel-Aroma
4 Eier (Größe M)
250 g Weizenmehl
2 gestr. TL Backpulver
75 ml Milch
50 g abgezogene, gemahlene Mandeln

Für Belag und Garnierung:
200 g Marzipan-Rohmasse
40 g gesiebter Puderzucker

Zum Bestreichen:
125 g Johannisbeergelee

Für den Guss:
250 g Vollmilch- oder Halbbitter-Kuvertüre
3 TL Speiseöl

Zubereitungszeit:
90 Minuten und etwa 25 Minuten Backzeit

Insgesamt:
E: 107 g, F: 433 g, Kh: 654 g, kJ: 28981, kcal: 6934

1 Für den Teig Butter oder Margarine mit Handrührgerät mit Rührbesen auf höchster Stufe geschmeidig rühren. Nach und nach Zucker, Vanillin-Zucker und Aroma unterrühren. So lange rühren, bis eine gebundene Masse entstanden ist. Eier nach und nach unterrühren (jedes Ei etwa 1/2 Minute).

2 Mehl mit Backpulver mischen, sieben und in 2 Portionen abwechselnd mit der Milch auf mittlerer Stufe unterrühren. Zuletzt Mandeln kurz unterrühren. Den Teig auf ein Backblech (30 x 40 cm, gefettet, mit Backpapier belegt) streichen. Das Backpapier unmittelbar vor dem Teig zur Falte knicken, so dass ein Rand entsteht. Das Backblech in den Backofen schieben.

Ober-/Unterhitze: etwa 200 °C (vorgeheizt)
Heißluft: etwa 180 °C (vorgeheizt)
Gas: Stufe 3–4 (vorgeheizt)
Backzeit: etwa 25 Minuten.

3 Die Gebäckplatte auf einen Kuchenrost stürzen, erkalten lassen und mitgebackenes Backpapier abziehen. Gebäckplatte in 4 gleich große Rechtecke schneiden.

4 Für Belag und Garnierung Marzipan mit Puderzucker verkneten und die Hälfte davon auf der leicht mit Puderzucker bestäubten Arbeitsfläche in der Größe eines Gebäckrechtecks ausrollen. Die zweite Marzipanhälfte in Frischhaltefolie verpacken und zum Garnieren beiseite legen. Zum Bestreichen Gelee in einem kleinen Topf unter Rühren erhitzen. 3 Gebäckrechtecke mit je einem Viertel des Gelees bestreichen. 2 bestrichene Rechtecke aufeinander setzen und mit der Marzipanplatte belegen. Restliches Gelee auf die Marzipanplatte streichen, das dritte bestrichene Rechteck darauf legen und mit dem unbestrichenen Rechteck bedecken.

5 Für den Guss Kuvertüre in kleine Stücke hacken und mit Öl in einem kleinen Topf im Wasserbad bei schwacher Hitze geschmeidig rühren. Das „Päckchen" überziehen und den Guss fest werden lassen. In der Zwischenzeit restliches Marzipan auf der mit Puderzucker bestäubten Arbeitsfläche dünn ausrollen und in etwa 3 cm breite Streifen schneiden. Aus einem Marzipanstreifen eine Schleife formen. Die restlichen Marzipanstreifen als Band an das „Päckchen" legen. Die Schleife darauf setzen. Den Kuchen mindestens 1 Tag in Alufolie verpackt an einem kühlen, trockenen Ort lagern.

Tipp: Noch saftiger wird das Geschenkpäckchen, wenn Sie die Böden mit 75 ml Orangensaft, Cointreau oder Weinbrand tränken.

Mallorquinischer Früchtekuchen

Raffiniert – Mit Alkohol

Vorbereitung:
Kuchen 2–14 Tage vorher

Zum Vorbereiten:
100 g gewürfeltes Zitronat (Sukkade)
100 g kandierter Ingwer
100 g kandierte Zitronenscheiben
100 g kandierte Orangenscheiben
50 g kandierte Kirschen
100 g Rosinen
50 g gehackte Walnusskerne
125 ml (1/8 l) Sherry

Für den Rührteig:
200 g Butter oder Margarine
150 g brauner Zucker (Kandisfarin)
1 Pck. Bourbon-Vanille-Zucker
1 Pck. Finesse Orangenfrucht
1 gestr. TL gemahlener Ingwer
1 Prise Salz
4 Eier (Größe M)
225 g Weizenmehl
3 gestr. TL Backpulver
25 g Kakaopulver

Für den Guss:
150 g Zucker
3 EL Wasser

Zum Garnieren:
einige kandierte Früchte

Zubereitungszeit:
40 Minuten, ohne Einweichzeit, und etwa 60 Minuten Backzeit

Insgesamt:
E: 71 g, F: 235 g, Kh: 859 g, kJ: 25144, kcal: 6004

1 Zum Vorbereiten Zitronat, 40 g von dem Ingwer, 40 g von den Zitronen- und Orangenscheiben und die Kirschen fein würfeln und mit den Rosinen und Walnusskernen im Sherry mehrere Stunden (am besten über Nacht) einweichen.

2 Für den Teig Butter oder Margarine mit Handrührgerät mit Rührbesen auf höchster Stufe geschmeidig rühren. Nach und nach Zucker, Vanille-Zucker, Orangenfrucht, gemahlenen Ingwer und Salz unterrühren. So lange rühren, bis eine gebundene Masse entstanden ist. Eier nach und nach unterrühren (jedes Ei etwa 1/2 Minute). Mehl mit Backpulver und Kakao mischen, sieben und in 2 Portionen auf mittlerer Stufe unterrühren.

3 Die Sherry-Früchte unterheben. Die Hälfte des Teiges in eine Springform (Ø 22 cm, Boden gefettet) füllen. Die restlichen kandierten Früchte (Ingwer, Zitronen- und Orangenscheiben) grob schneiden und auf den Teig geben. Den restlichen Teig darauf verteilen und glatt streichen. Die Form auf dem Rost in den Backofen schieben.

Ober-/Unterhitze: etwa 180 °C (vorgeheizt)
Heißluft: etwa 160 °C (nicht vorgeheizt)
Gas: Stufe 2–3 (nicht vorgeheizt)
Backzeit: etwa 60 Minuten.

4 Für den Guss Zucker und Wasser in einem kleinen Topf einkochen lassen, bis die Masse leicht sirupartig wird. Den Guss auf dem heißen Kuchen verteilen und noch 3–4 Minuten im ausgeschalteten Backofen stehen lassen.

5 Die Form auf einen Kuchenrost stellen und den Kuchen 10 Minuten in der Form stehen lassen, dann aus der Form lösen und auf einem Kuchenrost erkalten lassen. Den Kuchen in Alufolie verpacken und mindestens 2 Tage durchziehen lassen.

6 Am Serviertag den Früchtekuchen nach Belieben mit kandierten Früchten garnieren.

Schneewittchen-Blech

Fruchtig

Vorbereitung:
Boden 1–3 Tage vorher
Schnitten 1–2 Tage vorher

Für den All-in-Teig:
150 g Weizenmehl
50 g Speisestärke
20 g Kakaopulver
3 gestr. TL Backpulver
200 g Zucker
4 Eier (Größe M)
3 EL Wasser oder Kirschwasser
200 g Butter oder Margarine

Für die Kirschfüllung:
2 Gläser Kirschen
(Abtropfgewicht je 370 g)
600 ml Kirschsaft aus dem Glas
50 g Speisestärke
50 g Zucker

Für die Puddingfüllung:
2 Pck. Pudding-Pulver
Vanille-Geschmack
750 ml (3/4 l) Milch
50 g Zucker
200 ml Schlagsahne

Zum Garnieren:
2 Pck. (18 Stück)
Schoko-Butterkekse

Zubereitungszeit:
50 Minuten, ohne Kühlzeit,
und etwa 20 Minuten Backzeit

Insgesamt:
E: 109 g, F: 366 g, Kh: 973 g,
kJ: 32425, kcal: 7737

1 Für den Teig Mehl mit Speisestärke, Kakaopulver und Backpulver mischen und in eine Rührschüssel sieben. Restliche Zutaten hinzufügen und alles mit Handrührgerät mit Rührbesen auf höchster Stufe in etwa 2 Minuten zu einem Teig verarbeiten. Einen Backrahmen (30 x 40 cm) auf ein Backblech (gefettet, gemehlt) stellen. Den Teig hineingeben, glatt streichen und das Backblech in den Backofen schieben.

Ober-/Unterhitze: etwa 200 °C (vorgeheizt)
Heißluft: etwa 180 °C (vorgeheizt)
Gas: Stufe 3–4 (vorgeheizt)
Backzeit: etwa 20 Minuten.

2 Das Backblech mit dem Backrahmen auf einen Kuchenrost stellen und das Gebäck darauf erkalten lassen.

3 Für die Kirschfüllung Kirschen in einem Sieb abtropfen lassen, den Saft dabei auffangen und 600 ml davon abmessen. Speisestärke mit etwa 3 Esslöffeln von dem Saft anrühren, restlichen Saft mit Zucker zum Kochen bringen und die Speisestärke einrühren. Kirschsaft unter Rühren aufkochen lassen, von der Kochstelle nehmen und die Kirschen unterheben. Die Masse gleichmäßig auf dem Gebäckboden verstreichen und abkühlen lassen.

4 Für die Puddingfüllung in der Zwischenzeit aus 2 Päckchen Pudding-Pulver, 750 ml (3/4 l) Milch und 50 g Zucker nach Packungsanleitung einen Pudding zubereiten und erkalten lassen, dabei gelegentlich umrühren.

5 Anschließend Sahne steif schlagen, unterheben und die Creme gleichmäßig auf der Kirschmasse verstreichen. Butterkekse mit etwas Abstand mit der Schokoseite nach oben gleichmäßig auf der Creme verteilen und den Kuchen bis zum Serviertag kalt stellen.

Tipp: Sie können die Puddingfüllung auch mit Pudding-Pulver Sahne-Geschmack zubereiten.

Quark-Sahne-Schnitten mit Mandarinen

Beliebt

Vorbereitung:
Boden 1–3 Tage vorher
Schnitten 1 Tag vorher
gefriergeeignet

Für den Biskuitteig:
3 Eier (Größe M)
3 EL heißes Wasser
150 g Zucker
1 Pck. Vanillin-Zucker
100 g Weizenmehl
50 g Speisestärke
1 gestr. TL Backpulver

Für die Füllung:
6 Blatt weiße Gelatine
1 Dose Mandarinenspalten (Abtropfgewicht 235 g)
500 g Magerquark
150 g Zucker
1 Pck. Vanillin-Zucker
1 Pck. Finesse Geriebene Zitronenschale
75 ml Mandarinensaft aus der Dose
2 EL Zitronensaft
400 ml Schlagsahne

Zum Bestäuben:
Puderzucker

Zubereitungszeit:
40 Minuten, ohne Kühlzeit, und 12–15 Minuten Backzeit

Insgesamt:
E: 119 g, F: 148 g, Kh: 525 g, kJ: 16531, kcal: 3946

1 Für den Teig Eier und Wasser mit Handrührgerät mit Rührbesen auf höchster Stufe in 1 Minute schaumig schlagen. Zucker mit Vanillin-Zucker mischen, in 1 Minute einstreuen, dann noch etwa 2 Minuten schlagen. Mehl mit Speisestärke und Backpulver mischen, auf die Eiercreme sieben und kurz auf niedrigster Stufe unterrühren. Den Teig auf ein Backblech (30 x 40 cm, gefettet, mit Backpapier belegt) streichen. Das Backpapier unmittelbar vor dem Teig zur Falte knicken, so dass ein Rand entsteht. Das Backblech in den Backofen schieben.

Ober-/Unterhitze: etwa 200 °C (vorgeheizt)
Heißluft: etwa 180 °C (vorgeheizt)
Gas: Stufe 3–4 (vorgeheizt)
Backzeit: 12–15 Minuten.

2 Die Gebäckplatte sofort nach dem Backen auf ein mit Zucker bestreutes Backpapier stürzen, das mitgebackene Backpapier mit kaltem Wasser bestreichen und vorsichtig, aber schnell abziehen. Die Gebäckplatte senkrecht halbieren und erkalten lassen.

3 Für die Füllung Gelatine nach Packungsanleitung einweichen. Mandarinenspalten in einem Sieb abtropfen lassen, dabei den Saft auffangen und 75 ml davon abmessen. Quark mit Zucker, Vanillin-Zucker, Zitronenschale, abgemessenem Mandarinensaft und Zitronensaft verrühren. Gelatine leicht ausdrücken und in einem kleinen Topf unter Rühren auflösen (nicht kochen). Etwas von der Quarkmasse mit der Gelatine verrühren, die Mischung dann unter die restliche Quarkmasse rühren. Sahne steif schlagen und mit den Mandarinenspalten unter die Quarkmasse heben.

4 Die Creme auf eine der Biskuithälften streichen, die andere Hälfte mit der Unterseite nach oben auflegen und leicht andrücken. Die Creme an den Seiten glatt streichen und das Gebäck bis zum Serviertag kalt stellen.

5 Am Serviertag das Gebäck direkt vor dem Servieren mit Puderzucker bestäuben und in Schnitten teilen.

Abwandlung: Sie können anstelle von Quark auch Dickmilch verwenden. Dann 8 Blatt Gelatine verwenden.
Die Schnitten schmecken auch mit Heidelbeeren, Himbeeren oder Erdbeerstücken, dann statt Mandarinensaft Apfelsaft verwenden.

Saftige Apfelmusschnitten

Für Kinder

Vorbereitung:
Boden 1–3 Tage vorher
Schnitten 1–2 Tage vorher

Für den Rührteig:
250 g Butter oder Margarine
250 g Zucker
1 Pck. Vanillin-Zucker
4 Eier (Größe M)
250 g Weizenmehl
3 gestr. TL Backpulver
100 ml Apfelsaft
50 g gemahlene Pistazienkerne

Für die Füllung:
6 Blatt weiße Gelatine
3 Gläser stückiges Apfelmus (Apfelkompott, je 365 g)

Für den Belag:
2 Blatt weiße Gelatine
400 ml Schlagsahne
1 Pck. Vanillin-Zucker
1 EL Zucker

Zum Garnieren:
50 g gehackte Pistazienkerne

Zubereitungszeit:
60 Minuten und etwa 30 Minuten Backzeit

Insgesamt:
E: 100 g, F: 416 g, Kh: 685 g, kJ: 28858, kcal: 6887

1 Für den Teig Butter oder Margarine mit Handrührgerät mit Rührbesen auf höchster Stufe geschmeidig rühren. Nach und nach Zucker und Vanillin-Zucker unterrühren. So lange rühren, bis eine gebundene Masse entstanden ist.

2 Eier nach und nach unterrühren (jedes Ei etwa 1/2 Minute). Mehl mit Backpulver mischen, sieben und in 2 Portionen abwechselnd mit Apfelsaft und Pistazien auf mittlerer Stufe unterrühren. Den Teig auf ein Backblech (30 x 40 cm, gefettet, mit Backpapier belegt) streichen und das Backblech in den Backofen schieben.

Ober-/Unterhitze: etwa 180 °C (vorgeheizt)
Heißluft: etwa 160 °C (vorgeheizt)
Gas: Stufe 2–3 (vorgeheizt)
Backzeit: etwa 30 Minuten.

3 Die Gebäckplatte auf einen Kuchenrost stürzen und erkalten lassen. Anschließend das mitgebackene Backpapier abziehen und die Platte einmal waagerecht durchschneiden.

4 Für die Füllung Gelatine nach Packungsanleitung einweichen. 2 1/2 Gläser Apfelkompott in eine Schüssel geben, restliches Apfelkompott zum Garnieren kalt stellen. Gelatine ausdrücken und in einem kleinen Topf bei schwacher Hitze unter Rühren auflösen (nicht kochen). Aufgelöste Gelatine mit etwas Apfelkompott verrühren, dann unter das restliche Apfelkompott rühren. Den unteren Gebäckboden auf eine Kuchenplatte oder ein Backblech legen und einen Backrahmen darumstellen. Das Apfelkompott darauf verstreichen, den oberen Boden darauf legen und leicht andrücken.

5 Für den Belag Gelatine nach Packungsanleitung einweichen. Sahne mit Vanillin-Zucker und Zucker fast steif schlagen. Gelatine auflösen, unter Schlagen in die Sahne einlaufen lassen und Sahne vollständig steif schlagen. Die Sahnecreme wellenförmig auf dem oberen Gebäckboden verstreichen und den Kuchen bis zum Serviertag kalt stellen.

6 Am Serviertag den Kuchen in Schnitten teilen und mit Hilfe eines Teelöffels auf jede Schnitte einen Klecks von dem zurückgestellten Apfelkompott geben. Die Schnitten mit Pistazien bestreuen.

Tipp: Die Gebäckplatte lässt sich einfacher waagerecht durchschneiden, wenn man sie vorher senkrecht halbiert.
Garnieren Sie die Schnitten vor dem Servieren mit etwas Zitronenmelisse.

Buttermilchschnitten mit Kirschen

Erfrischend

Vorbereitung:
Boden 1–3 Tage vorher
Schnitten 1 Tag vorher

Für den Knetteig:
200 g Weizenmehl
1 Msp. Backpulver
75 g Zucker
1 Pck. Vanillin-Zucker
1 Ei (Größe M)
2 EL kaltes Wasser
100 g Butter oder Margarine

Für den Belag:
10 Blatt weiße Gelatine
500 ml (1/2 l) Buttermilch
150 g Zucker
2 Pck. Finesse Geriebene Zitronenschale
500 ml (1/2 l) Schlagsahne

Für das Kirschkompott:
1 Glas Sauerkirschen (Abtropfgewicht 350 g)
100 ml Kirschsaft aus dem Glas
25 g Zucker
10 g Speisestärke

Zubereitungszeit:
40 Minuten, ohne Kühlzeit, und etwa 15 Minuten Backzeit

Insgesamt:
E: 79 g, F: 262 g, Kh: 541 g, kJ: 20417, kcal: 4875

1 Für den Teig Mehl mit Backpulver mischen und in eine Rührschüssel sieben. Zucker, Vanillin-Zucker, Ei, Wasser und Butter oder Margarine hinzufügen. Die Zutaten mit Handrührgerät mit Knethaken zunächst kurz auf niedrigster, dann auf höchster Stufe gut durcharbeiten.

2 Anschließend auf einer leicht bemehlten Arbeitsfläche kurz zu einem glatten Teig verkneten. Sollte er kleben, ihn in Folie gewickelt eine Zeit lang kalt stellen. Teig auf einem Backblech (30 x 40 cm, gefettet, bemehlt) ausrollen. Das Backblech in den Backofen schieben.

Ober-/Unterhitze: etwa 200 °C (vorgeheizt)
Heißluft: etwa 180 °C (vorgeheizt)
Gas: Stufe 3–4 (vorgeheizt)
Backzeit: etwa 15 Minuten.

3 Das Backblech nach dem Backen auf einen Kuchenrost stellen und den Knetteigboden erkalten lassen. Einen Backrahmen darumstellen.

4 Für den Belag Gelatine nach Packungsanleitung einweichen. Buttermilch mit Zucker so lange verrühren, bis der Zucker gelöst ist. Gelatine ausdrücken und unter Rühren auflösen (nicht kochen). Aufgelöste Gelatine mit etwas von der Buttermilch verrühren, dann mit Zitronenschale unter die restliche Buttermilch rühren. Die Flüssigkeit kalt stellen.

5 Sobald die Flüssigkeit beginnt dicklich zu werden, Sahne steif schlagen und unterheben. Die Creme auf dem erkalteten Boden verteilen und glatt streichen. Mit einem Tortengarnierkamm ein Muster in die Oberfläche ziehen und den Kuchen bis zum Serviertag kalt stellen.

6 Für das Kompott Kirschen in einem Sieb abtropfen lassen, den Saft dabei auffangen und 100 ml davon abmessen. Zucker mit Speisestärke mischen und mit etwas von dem abgemessenen Saft glatt rühren. Restlichen abgemessenen Saft in einem kleinen Topf zum Kochen bringen, angerührte Speisestärke unter Rühren hinzufügen und kurz aufkochen lassen. Kirschen unterheben, das Kompott erkalten lassen und bis zum Serviertag kalt stellen.

(Fortsetzung Seite 106)

7 Am Serviertag den Backrahmen lösen und entfernen. Den Kuchen in Schnitten teilen, Kompott darauf verteilen und servieren.

Tipp: Statt Buttermilch und Zitronenschale können Sie auch Zitronenbuttermilch verwenden, dann jedoch nur 100 g Zucker für die Creme verwenden.
Statt das Kompott selbst zuzubereiten können Sie auch einfach einen Becher (500 g) Kirschgrütze aus dem Kühlregal verwenden.
Die Schnitten können ohne das Kirschkompott eingefroren werden.

Himbeer-Nuss-Schnitten

Klassisch

Vorbereitung:
Schnitten 2–3 Tage vorher

Für den Teig:
4 Eier (Größe M)
150 g Zucker
1 Pck. Vanillin-Zucker
125 ml (1/8 l) Speiseöl
125 ml (1/8 l) Mineralwasser
125 g Weizenmehl
1 gestr. TL Backpulver
200 g gemahlene Haselnusskerne

Für den Belag:
4 Blatt weiße Gelatine
2 Blatt rote Gelatine
500 g Himbeerjoghurt
75 g Zucker
400 ml Schlagsahne
650 g Himbeeren

Zum Garnieren:
2–3 Esslöffel Himbeergelee
100 g Himbeeren

Zubereitungszeit:
40 Minuten und
etwa 20 Minuten Backzeit

Insgesamt:
E: 109 g, F: 427 g, Kh: 512 g,
kJ: 26584, kcal: 6345

1 Für den Teig Eier mit Zucker und Vanillin-Zucker mit Handrührgerät mit Rührbesen in etwa 2 Minuten auf höchster Stufe schaumig schlagen. Öl und Mineralwasser kurz unterrühren. Mehl mit Backpulver mischen, sieben und mit den Haselnusskernen ebenfalls kurz unterrühren. Einen Backrahmen auf ein Backblech (30 x 40 cm, gefettet, gemehlt) stellen, den Teig einfüllen, glatt streichen und das Backblech in den Backofen schieben.

Ober-/Unterhitze: etwa 200 °C (vorgeheizt)
Heißluft: etwa 180 °C (vorgeheizt)
Gas: Stufe 3–4 (vorgeheizt)
Backzeit: etwa 20 Minuten.

3 Den Boden in dem Backrahmen mit dem Backblech auf einen Kuchenrost stellen und erkalten lassen.

4 Für den Belag Gelatine zusammen nach Packungsanleitung einweichen. Joghurt mit Zucker in einer großen Schüssel verrühren. Gelatine leicht ausdrücken und in einem kleinen Topf bei schwacher Hitze unter Rühren auflösen (nicht kochen). Aufgelöste Gelatine mit etwas von der Joghurtmasse verrühren, dann unter die restliche Joghurtmasse rühren. Sahne steif schlagen und unterheben.

5 Himbeeren verlesen und auf dem Gebäckboden verteilen. Die Joghurtcreme vorsichtig darauf verteilen und glatt streichen. Das Backblech bis zum Serviertag kalt stellen.

6 Am Serviertag Backrahmen vorsichtig lösen und entfernen. Gelee glatt rühren und über den Kuchen sprenkeln. Himbeeren verlesen und auf der Oberfläche verteilen. Den Kuchen in Schnitten einteilen.

Tipp: Sie können statt 4 Blatt weißer und 2 Blatt roter Gelatine auch insgesamt 6 Blatt weiße Gelatine verwenden.

Grillkuchen (Schichtkuchen, Baumkuchen)

Etwas aufwändiger – Mit Alkohol

Vorbereitung:
Kuchen 2–14 Tage vorher

Für den Rührteig:
4 Eiweiß (Größe M)
250 g Butter oder Margarine
250 g Zucker
1 Pck. Vanillin-Zucker
1 Prise Salz
2 Eier (Größe M)
4 Eigelb (Größe M)
150 g Weizenmehl
100 g Speisestärke
3 gestr. TL Backpulver
6 EL Rum

Für den Guss:
200 g Zartbitterschokolade
2 EL Speiseöl

Zubereitungs- und Backzeit:
80 Minuten, ohne Kühlzeit

Insgesamt:
E: 75 g, F: 333 g, Kh: 542 g, kJ: 23513, kcal: 5614

1 Für den Teig Eiweiß steif schlagen. Butter oder Margarine in einer Rührschüssel mit Handrührgerät mit Rührbesen geschmeidig rühren. Zucker, Vanillin-Zucker und Salz nach und nach unterrühren, bis eine gebundene Masse entstanden ist. Eier und Eigelb nach und nach unterrühren (jedes Ei etwa 1/2 Minute). Mehl mit Speisestärke und Backpulver mischen, sieben und in 2 Portionen abwechselnd mit dem Rum auf mittlerer Stufe unterrühren. Eischnee mit Hilfe eines Teigschabers vorsichtig unterheben.

2 Einen gut gehäuften Esslöffel Teig gleichmäßig mit einem Pinsel auf dem Boden einer Kastenform (30 x 11 cm, gefettet, Boden mit Backpapier belegt) verstreichen. Die Form auf dem Rost in den Backofen unter den vorgeheizten Grill schieben (Abstand zwischen Grill und Teigschicht etwa 20 cm). Die Teigschicht unter dem vorgeheizten Grill in etwa 2 Minuten hellbraun backen.

3 Die Form aus dem Backofen nehmen und als zweite Schicht wieder 1–2 Esslöffel Teig auf die gebackene Schicht streichen. Die Form wieder unter den Grill schieben und auf diese Weise den ganzen Teig verarbeiten, dabei die Einschubhöhe nach Möglichkeit so verändern, dass der Abstand von etwa 20 cm zwischen Grill und Teigschicht bestehen bleibt. Den fertigen Kuchen mit einem Messer vorsichtig vom Rand der Form lösen, auf einen Kuchenrost stürzen, das Backpapier abziehen und den Kuchen erkalten lassen.

4 Für den Guss Schokolade grob zerkleinern, mit Öl im Wasserbad bei schwacher Hitze geschmeidig rühren und den Kuchen damit überziehen. Guss fest werden lassen und den Kuchen in Alufolie verpackt 2–14 Tage an einem kühlen, trockenen Ort lagern.

Tipp: Sie können dem Rezept durch Zugabe von 1 Teelöffel Zimt oder Lebkuchengewürz zum Teig eine weihnachtliche Note geben.

Abwandlung (Foto): Für Grillstangen stellen Sie einen Backrahmen (25 x 25 cm) auf ein mit Backpapier belegtes Backblech. Bereiten Sie die 1 1/2-fache Menge des Rezepts zu. Den Kuchen wie im Rezept beschrieben in Schichten, aber mit 3 Esslöffeln Teig je Schicht backen. Nach dem Backen den Backrahmen mit Hilfe eines Messers lösen und entfernen. Den Grillkuchen mit dem Backpapier vom Backblech auf einen Kuchenrost ziehen und erkalten lassen. Anschließend den Kuchen in 6 Stangen von 4 cm Breite schneiden. 300 g Zartbitterschokolade mit 3 Esslöffeln Öl wie im Rezept beschrieben schmelzen und die Stangen damit überziehen.
Die Grillstangen in Alufolie gewickelt aufbewahren, damit sie saftig bleiben, oder einfrieren.

Tropenfrucht-Schmand-Schnitten

Exotisch

Vorbereitung:
Boden 1–3 Tage vorher
Schnitten 1–2 Tage vorher

Für den Rührteig:
200 g Butter oder Margarine
200 g Zucker
1 Pck. Vanillin-Zucker
4 Eier (Größe M)
150 g Weizenmehl
3 gestr. TL Backpulver
100 g Kokosraspel

Für den Belag:
2 Bananen
20 g Butter
20 g Zucker
2 EL Kokoslikör oder Mangosaft
8 Blatt weiße Gelatine
125 ml (1/8 l) Mangosaft
75 g Zucker
600 g Schmand
400 ml Schlagsahne
1 Mango (etwa 500 g)
1 Papaya (etwa 500 g)

Für den Guss:
5 Blatt weiße Gelatine
350 ml Mangosaft
50 g Zucker

Zum Bestreuen:
20 g Kokosraspel

Zubereitungszeit:
60 Minuten und
etwa 15 Minuten Backzeit

Insgesamt:
E: 110 g, F: 536 g, Kh: 668 g,
kJ: 33332, kcal: 7957

1 Für den Teig Butter oder Margarine mit Handrührgerät mit Rührbesen auf höchster Stufe geschmeidig rühren. Nach und nach Zucker und Vanillin-Zucker unterrühren. So lange rühren, bis eine gebundene Masse entstanden ist. Eier nach und nach unterrühren (jedes Ei etwa 1/2 Minute). Mehl mit Backpulver mischen, sieben und abwechselnd mit den Kokosraspeln in 2 Portionen auf mittlerer Stufe unterrühren. Einen Backrahmen (30 x 40 cm) auf ein Backblech (gefettet, mit Backpapier belegt) stellen, den Teig einfüllen und darin glatt streichen. Das Backblech in den Backofen schieben.

Ober-/Unterhitze: etwa 200 °C (vorgeheizt)
Heißluft: etwa 180 °C (vorgeheizt)
Gas: Stufe 3–4 (vorgeheizt)
Backzeit: etwa 15 Minuten.

2 Die Gebäckplatte mit Backrahmen und Backblech auf einen Kuchenrost stellen und erkalten lassen.

3 Für den Belag Bananen schälen und in Scheiben schneiden. Butter mit Zucker in einer großen Pfanne leicht bräunen lassen, die Bananenscheiben dazugeben, unterrühren und von der Kochstelle nehmen. Likör oder Saft unterrühren und alles abkühlen lassen.

4 Gelatine nach Packungsanleitung einweichen. Mangosaft mit Zucker und Schmand verrühren. Gelatine ausdrücken und in einem kleinen Topf bei schwacher Hitze unter Rühren auflösen (nicht kochen). Aufgelöste Gelatine mit etwas von der Schmandmasse verrühren, dann unter die restliche Schmandmasse rühren und kalt stellen. Sahne steif schlagen und unterheben.

5 Mangofruchtfleisch vom Stein schneiden, schälen und in kleine Stücke schneiden. Papaya durchschneiden und die Kerne mit einem Löffel herausnehmen. Papayahälften schälen und klein schneiden. Die Fruchtstücke mit den karamellisierten Bananen auf der Gebäckplatte im Backrahmen verteilen. Die Creme vorsichtig darauf geben, glatt streichen und die Torte etwa 2 Stunden kalt stellen.

6 Für den Guss Gelatine nach Packungsanleitung einweichen. Mangosaft mit Zucker verrühren. Gelatine wie in Punkt 4 auflösen, mit etwas von dem Mangosaft verrühren, dann unter den restlichen Mangosaft rühren. Die Flüssigkeit gleichmäßig auf der Tortenoberfläche verteilen. Die Torte bis zum Serviertag kalt stellen. Zum Bestreuen Kokosraspel in einer Pfanne ohne Fett leicht bräunen, erkalten lassen und bis zum Serviertag in einer Dose aufbewahren.

(Fortsetzung Seite 112)

7 Am Serviertag den Backrahmen lösen und entfernen, Tortenoberfläche mit Kokosraspeln bestreuen und die Torte in Schnitten teilen.

Tipp: Schmand können Sie durch Crème fraîche ersetzen.

Wiener Sandtorte mit Hagebuttenkonfitüre

Klassisch

Vorbereitung:
Torte 1–3 Tage vorher

Für den Teig:
5 Eier (Größe M)
250 g Zucker
2 Pck. Vanillin-Zucker
175 g Weizenmehl
125 g Speisestärke
1 gestr. TL Backpulver
250 g zerlassene, abgekühlte Butter

Für die Füllung:
1 Glas (350 g) Hagebuttenkonfitüre

Für Guss und Garnierung:
125 g Puderzucker
2–3 EL Zitronensaft
1 EL gehackte Pistazienkerne

Zubereitungszeit:
60 Minuten und etwa 20 Minuten Backzeit

Insgesamt:
E: 63 g, F: 247 g, Kh: 892 g, kJ: 25387, kcal: 6062

1 Für den Teig Eier mit Handrührgerät mit Rührbesen auf höchster Stufe in 1 Minute schaumig schlagen. Zucker und Vanillin-Zucker mischen, in 1 Minute einstreuen, dann noch etwa 2 Minuten schlagen. Mehl mit Speisestärke und Backpulver mischen, die Hälfte davon auf die Eiercreme sieben und kurz auf niedrigster Stufe unterrühren. Restliches Mehlgemisch auf die gleiche Weise unterarbeiten. Zuletzt Butter kurz unterrühren. Den Teig auf ein Backblech (30 x 40 cm, gefettet, mit Backpapier belegt) geben und glatt streichen. Das Backblech in den Backofen schieben.

Ober-/Unterhitze: etwa 180 °C (vorgeheizt)
Heißluft: etwa 160 °C (vorgeheizt)
Gas: Stufe 2–3 (vorgeheizt)
Backzeit: etwa 20 Minuten.

2 Die Gebäckplatte vom Backblech lösen, auf ein mit Zucker bestreutes Backpapier stürzen und mitgebackenes Backpapier vorsichtig abziehen. Die Gebäckplatte in 4 Rechtecke (je 20 x 15 cm) teilen.

3 Eine Gebäckplatte auf eine Tortenplatte legen und mit 2–3 Esslöffeln Konfitüre bestreichen, die zweite und dritte Platte ebenfalls so auflegen und bestreichen. Die vierte Platte auflegen und leicht andrücken. Gut 1 Esslöffel Konfitüre in ein Papiertütchen füllen und beiseite legen. Mit der restlichen Konfitüre Tortenoberfläche und -rand dünn bestreichen.

4 Für den Guss Puderzucker mit Zitronensaft zu einer dickflüssigen Masse verrühren und die Torte damit überziehen. Vom Papiertütchen eine kleine Spitze abschneiden. Die Torte mit der Konfitüre verzieren und mit Pistazienkernen bestreuen. Den Guss fest werden lassen und die Torte in Alufolie verpackt bis zum Serviertag lagern.

Tipp: Die Sandtorte schmeckt gut durchgezogen am besten. Verwenden Sie anstelle von Hagebuttenkonfitüre Pflaumenmus.

Ambrosiaschnitten

Einfach – Schnell zubereitet

Vorbereitung:
Boden 1–3 Tage vorher
Schnitten 1–2 Tage vorher

Für den Schüttelteig:
150 g Weizenmehl
3 gestr. TL Backpulver
150 g Zucker
3 Eier (Größe M)
100 g zerlassene, abgekühlte Butter oder Margarine
100 ml Milch
50 g abgezogene, gemahlene Mandeln

Für die Füllung:
8 Blatt weiße Gelatine
500 g Naturjoghurt
250 ml (1/4 l) schwarzer Johannisbeernektar
2–3 EL Zitronensaft
75 g Zucker
250 ml (1/4 l) Schlagsahne

Zum Bestreichen:
350 ml Schlagsahne
1 Pck. Sahnesteif
1 Pck. Vanillin-Zucker

Zum Garnieren:
einige Johannisbeerrispen

Zubereitungszeit:
35 Minuten, ohne Kühlzeit, und etwa 15 Minuten Backzeit

Insgesamt:
E: 98 g, F: 343 g, Kh: 441 g, kJ: 5268, kcal: 22068

1 Für den Teig Mehl mit Backpulver mischen, in eine verschließbare Schüssel (etwa 3 l) sieben und mit Zucker mischen. Eier, Butter oder Margarine und Milch hinzufügen und die Schüssel mit dem Deckel fest verschließen.

2 Mehrmals (insgesamt 15–30 Sekunden) kräftig schütteln, so dass alle Zutaten gut vermischt sind und die Mandeln hinzugeben. Mit einem Schneebesen oder Rührlöffel alles nochmals gut durchrühren, damit trockene Zutaten vom Rand mit untergerührt werden.

3 Den Teig auf ein Backblech (30 x 40 cm, gefettet, mit Backpapier belegt) geben und glatt streichen. Das Backblech in den Backofen schieben.

Ober-/Unterhitze: etwa 180 °C (vorgeheizt)
Heißluft: etwa 160 °C (vorgeheizt)
Gas: Stufe 2–3 (vorgeheizt)
Backzeit: etwa 15 Minuten.

4 Die Gebäckplatte auf die Arbeitsfläche stürzen und mitgebackenes Backpapier abziehen. Die Gebäckplatte erkalten lassen.

5 Für die Füllung Gelatine nach Packungsanleitung einweichen. Joghurt mit Johannisbeernektar, Zitronensaft und Zucker verrühren. Gelatine leicht ausdrücken und in einem kleinen Topf unter Rühren auflösen (nicht kochen). 4 Esslöffel von der Joghurtcreme mit der Gelatine verrühren und die Masse mit der restlichen Joghurtcreme gut verrühren. Die Creme kalt stellen.

6 Wenn die Creme beginnt dicklich zu werden, Sahne steif schlagen und unterheben. Gebäckplatte senkrecht halbieren. Eine Gebäckhälfte auf eine Kuchenplatte legen und einen Backrahmen darumstellen. Die Joghurtcreme darauf verteilen, mit der zweiten Gebäckhälfte bedecken, leicht andrücken und etwa 1 Stunde kalt stellen.

7 Zum Bestreichen Sahne mit Sahnesteif und Vanillin-Zucker steif schlagen. Die Kuchenoberfläche damit bestreichen und mit einem Tortenkamm oder einer Gabel verzieren. Die Schnitten in dem Backrahmen bis zum Serviertag kalt stellen.

8 Am Serviertag den Backrahmen lösen und entfernen. Den Kuchen in Schnitten teilen und mit Johannisbeerrispen garnieren.

Tipp: Bestreichen Sie den Boden vor dem Füllen mit 2–3 Esslöffeln glatt gerührtem Johannisbeergelee.

Nuss-Baileys-Schnitten

Raffiniert – Mit Alkohol

Vorbereitung:
Boden 1–3 Tage vorher
Schnitten 1–2 Tage vorher

Für den Rührteig:
225 g Butter oder Margarine
200 g Zucker
1 Pck. Vanillin-Zucker
4 Eier (Größe M)
225 g Weizenmehl
3 gestr. TL Backpulver

Für den Belag:
150 g Butter
125 g Zucker
1 Pck. Vanillin-Zucker
100 ml Schlagsahne
100 g gemahlene Haselnusskerne
200 g gehobelte Haselnusskerne

Für die Füllung:
4 Blatt Gelatine
2 Pck. Pudding-Pulver
Sahne-Geschmack
50 g Zucker
300 ml Baileys
(Irish Cream Likör)
500 ml (1/2 l) Milch
600 ml Schlagsahne

Zum Verzieren:
100 g Zartbitterschokolade
1 TL Speiseöl

Zubereitungszeit:
60 Minuten und
etwa 25 Minuten Backzeit

Insgesamt:
E: 138 g, F: 805 g, Kh: 831 g,
kJ: 49255, kcal: 11758

1 Für den Teig Butter oder Margarine mit Handrührgerät mit Rührbesen auf höchster Stufe geschmeidig rühren. Nach und nach Zucker und Vanillin-Zucker unterrühren. So lange rühren, bis eine gebundene Masse entstanden ist.

2 Eier nach und nach unterrühren (jedes Ei etwa 1/2 Minute). Mehl mit Backpulver mischen, sieben und in 2 Portionen auf mittlerer Stufe unterrühren. Den Teig auf ein Backblech (30 x 40 cm, gefettet, mit Backpapier belegt) streichen und vorbacken.

Ober-/Unterhitze: etwa 200 °C (vorgeheizt)
Heißluft: etwa 180 °C (vorgeheizt)
Gas: Stufe 3–4 (vorgeheizt)
Backzeit: etwa 15 Minuten.

3 Für den Belag in der Zwischenzeit Butter mit Zucker, Vanillin-Zucker und Schlagsahne in einem Topf unter Rühren kurz aufkochen lassen. Haselnusskerne unterrühren und die Masse auf den heißen, vorgebackenen Boden streichen. Das Backblech wieder in den Backofen schieben und **den Boden bei gleicher Backofeneinstellung weitere 10 Minuten backen**.

4 Das Backblech auf einen Kuchenrost stellen und den Kuchen darauf erkalten lassen. Anschließend den Kuchen mit dem Backpapier vom Backblech ziehen, Backpapier entfernen und den Kuchen einmal waagerecht durchschneiden.

5 Für die Füllung Gelatine nach Packungsanleitung einweichen. Pudding-Pulver und Zucker mit der Hälfte des Baileys glatt rühren. Milch in einem Topf zum Kochen bringen, angerührtes Pudding-Pulver einrühren und unter Rühren 1 Minute kochen lassen. Topf von der Kochstelle nehmen, ausgedrückte Gelatine unter Rühren darin auflösen und restlichen Baileys unterrühren.

6 Den Pudding erkalten lassen, dabei gelegentlich umrühren. Anschließend Sahne steif schlagen und unterheben. Den unteren Boden auf eine Kuchenplatte oder ein Backblech legen und die Creme darauf glatt streichen.

7 Zum Verzieren die obere Gebäckplatte in 20 Stücke schneiden. Schokolade in Stücke brechen und mit Speiseöl in einem Topf im Wasserbad bei schwacher Hitze geschmeidig rühren. Aufgelöste Schokolade in einen kleinen Gefrierbeutel füllen, eine kleine Ecke abschneiden und jedes zweite Gebäckstück damit besprenkeln.

(Fortsetzung Seite 118)

Die Stücke schachbrettartig auf die Creme legen und die Schnitte bis zum Serviertag kalt stellen.

8 Am Serviertag die angedeuteten Schnitten vollständig durchschneiden und servieren.

Malakoff-Kirsch-Schnitten

Mit Alkohol

Vorzubereitung:
Schnitten 1–3 Tage vorher
Boden 1–5 Tage vorher

Für den Knetteig:
200 g Weizenmehl
100 g Butter oder Margarine
50 g Zucker
1 Pck. Vanillin-Zucker
2 EL kaltes Wasser oder Kirschwasser

Für die Creme:
500 ml (1/2 l) Milch
50 g Zucker
1 Pck. Pudding-Pulver Vanille-Geschmack, 150 g Butter
200 ml Schlagsahne

Zum Bestreichen und Belegen:
250 g Kirschkonfitüre
200 g Löffelbiskuits

Zum Tränken:
50 ml Kirschwasser
50 ml Wasser, 25 g Zucker

Zum Verzieren:
50 g Kirschkonfitüre

Zubereitungszeit:
60 Minuten und etwa 15 Minuten Backzeit

Insgesamt:
E: 70 g, F: 308 g, Kh: 688 g, kJ: 25066, kcal: 5984

1 Für den Teig Mehl in eine Rührschüssel sieben. Restliche Zutaten hinzufügen und mit Handrührgerät mit Knethaken zunächst kurz auf niedrigster, dann auf höchster Stufe gut durcharbeiten. Anschließend auf einer bemehlten Arbeitsfläche kurz zu einem Teig verkneten. Den Teig auf der leicht bemehlten Arbeitsfläche zu einem Quadrat (25 x 25 cm) ausrollen und auf ein Backblech (gefettet, mit Backpapier belegt) legen. Einen Backrahmen darumstellen und das Backblech in den Backofen schieben.

Ober-/Unterhitze: etwa 200 °C (vorgeheizt)
Heißluft: etwa 180 °C (vorgeheizt)
Gas: Stufe 3–4 (vorgeheizt)
Backzeit: etwa 15 Minuten.

2 Den Boden nach dem Backen mit dem Backrahmen auf dem Backblech auf einen Kuchenrost stellen und erkalten lassen.

3 Für die Creme aus Milch, Zucker und Pudding-Pulver nach Packungsanleitung einen Pudding kochen. Den Topf von der Kochstelle nehmen, Butter in Stücke schneiden und unter den noch heißen Pudding rühren. Die Puddingcreme direkt mit Frischhaltefolie belegen und erkalten lassen. Sahne steif schlagen und unter die erkaltete Puddingcreme heben.

4 Zum Bestreichen die Hälfte der Konfitüre auf dem Knetteigboden verstreichen und den Boden mit der Hälfte der Löffelbiskuits belegen. Zum Tränken Kirschwasser mit Wasser und Zucker verrühren und die Löffelbiskuitschicht mit Hilfe eines Pinsels mit der Hälfte der Mischung tränken. Die Hälfte der Puddingcreme darauf verstreichen. Die andere Hälfte Konfitüre, Löffelbiskuits, Tränke und Creme ebenso einschichten und die Torte bis zum Serviertag kalt stellen.

5 Am Serviertag den Backrahmen lösen und entfernen. Konfitüre durch ein Sieb streichen und in einen kleinen Gefrierbeutel füllen. Eine kleine Ecke abschneiden und die Torte damit besprenkeln.

Tipp: Sie können die Torte zusätzlich mit in Stücke geschnittenen Löffelbiskuits garnieren.

Aprikosenschnitte mit Nougatstreuseln

Fruchtig

Vorbereitung:
Gebäckplatte 1–3 Tage vorher
Schnitte 1–2 Tage vorher

Für den Rührteig:
200 g Butter oder Margarine
175 g Zucker
1 Pck. Bourbon-Vanille-Zucker
4 Eier (Größe M)
150 g Weizenmehl
30 g Speisestärke
20 g Kakaopulver
2 gestr. TL Backpulver

Für die Nougatstreusel:
200 g Nuss-Nougat
175 g Weizenmehl
50 g Zucker, 80 g weiche Butter

Zum Bestreichen:
2 EL Aprikosenkonfitüre

Für die Füllung:
1 Dose Aprikosenhälften (Abtropfgewicht 480 g)
375 ml (3/8 l) Aprikosensaft aus der Dose
1 Pck. Pudding-Pulver Vanille-Geschmack, 30 g Zucker
200 ml Schlagsahne
1 Pck. Vanillin-Zucker

Zum Bestäuben:
Puderzucker

Zubereitungszeit:
50 Minuten und 20–25 Minuten Backzeit

Insgesamt:
E: 91 g, F: 373 g, Kh: 869 g, kJ: 30239, kcal: 7215

1 Für den Teig Butter oder Margarine mit Handrührgerät mit Rührbesen auf höchster Stufe geschmeidig rühren. Nach und nach Zucker und Vanille-Zucker unterrühren. So lange rühren, bis eine gebundene Masse entstanden ist. Eier nach und nach unterrühren (jedes Ei etwa 1/2 Minute). Mehl mit Speisestärke, Kakaopulver und Backpulver mischen, sieben und in 2 Portionen auf mittlerer Stufe unterrühren.

2 Den Teig auf ein Backblech (30 x 40 cm, gefettet, mit Backpapier belegt) geben und glatt streichen. Das Backblech in den Backofen schieben und den Boden vorbacken.

Ober-/Unterhitze: etwa 200 °C (vorgeheizt)
Heißluft: etwa 180 °C (vorgeheizt)
Gas: Stufe 3–4 (vorgeheizt)
Backzeit: etwa 10 Minuten.

3 Für die Nougatstreusel in der Zwischenzeit Nougat in kleine Stücke schneiden und mit Mehl, Zucker und Butter in eine Rührschüssel geben. Die Zutaten mit Handrührgerät mit Rührbesen zu feinen Streuseln verarbeiten. Den vorgebackenen Boden aus dem Backofen nehmen, mit Konfitüre bestreichen, die Streusel darauf verteilen und leicht andrücken. Backblech wieder in den Backofen schieben und **den Boden bei gleicher Backtemperatur in 10–15 Minuten fertig backen**.

4 Den Boden mit dem Backpapier auf einen Kuchenrost ziehen und erkalten lassen. Anschließend den Boden senkrecht halbieren.

5 Für die Füllung Aprikosen in einem Sieb gut abtropfen, den Saft dabei auffangen und 375 ml (3/8 l) abmessen (evtl. mit Wasser auffüllen). Aprikosen in kleine Würfel schneiden. Aus dem abgemessenen Saft, Pudding-Pulver und Zucker nach Packungsanleitung einen Pudding zubereiten und die Aprikosenstücke unterheben.

6 Eine Gebäckhälfte auf eine Kuchenplatte legen, die Aprikosenmasse darauf verstreichen und erkalten lassen. Sahne mit Vanillin-Zucker steif schlagen und darauf streichen. Die zweite Gebäckhälfte darauf legen, leicht andrücken und die Schnitte bis zum Serviertag kalt stellen.

7 Am Serviertag die Schnitte mit Puderzucker bestäuben und in Stücke schneiden.

Ratgeber

Die Torten und Gebäcke in diesem Buch sind so entwickelt und beschrieben, dass Sie sie sehr gut vorbereiten können. So haben Sie am Serviertag auf Feiern und Festen kaum noch Arbeit damit und können in Ruhe mehrere Torten präsentieren.

Die Torten können entweder vollständig vorbereitet werden oder sie benötigen nur noch wenige Handgriffe an der Garnierung, die in maximal 15 Minuten erledigt werden können.

Aufbewahren von Gebäck

Eingestrichene Torten mit Füllung sollten erst 1–3 Tage vorher zubereitet werden und bis zum Servieren im Kühlschrank stehen. Die Torten evtl. mit einer Tortenhaube zudecken.

Formkuchen oder -torten ohne Füllung können nach dem Erkalten sorgfältig in Alufolie eingeschlagen und an einem kühlen Ort (Vorratsraum, Keller) abhängig von den Zutaten 2–7 Tage gelagert werden.

Soll das Gebäck mit Puderzucker oder Kakaopulver bestäubt werden, ist es empfehlenswert, das erst kurz vor dem Servieren zu tun und das Gebäck dann nicht wieder in den Kühlschrank zu stellen.

Böden vorbereiten

In vielen Rezepten im Buch kann der Boden bereits einige Tage vor der gesamten Torte zubereitet werden. Dann die Böden gut auskühlen lassen und sorgfältig in Alufolie einschlagen. Den Boden bis zum Zubereitungstag der Torte an einem kühlen, trockenen Ort lagern. Soll der Boden waagerecht durchgeschnitten werden, so lässt er sich nun besser schneiden als im frisch gebackenen Zustand.

Einfrieren von Gebäck

Prinzipiell können fast alle Gebäcke eingefroren werden. Gebäck kann gut drei Monate im 3-Sterne-Gefrierfach gelagert werden. Benutzen Sie für den Einfriervorgang den Schockfrostschalter, sofern Ihr Gerät über einen verfügt. So gefrieren Sie das Gebäck besonders schonend.

Nicht geeignet zum Einfrieren ist Baisergebäck. Es kann aber gut verpackt an einem trockenen Ort sehr lange (einige Wochen) gelagert werden.

Vom Einfrieren einiger Gebäcke wird aufgrund von sichtbaren und geschmacklichen Qualitätsverlusten jedoch abgeraten.

Dazu gehören Gebäcke mit Garnierungen wie Schokoladenglasur, Puderzuckerguss, Krokant oder Zucker- bzw. Schokoverzierung.

Beim Auftauen läuft die Schokolade durch die entstehende Feuchtigkeit an und sieht unappetitlich aus und die Zuckergarnierungen und -verzierungen zerlaufen durch die Feuchtigkeit. Oft können Gebäcke aber ohne Guss eingefroren werden, am Tag vor dem Serviertag aufgetaut und dann überzogen werden.

Auch Gebäcke mit Füllungen oder Cremes, die Stärkeprodukte enthalten, sind nicht gut zum Einfrieren geeignet. Dazu gehören Gebäcke mit Tortenguss und Buttercreme oder aber Füllungen, die mit Speisestärke oder Pudding-Pulver gebunden sind. Die Stärkeprodukte lagern beim Einfrieren Feuchtigkeit ein und geben sie nach dem Auftauen wieder ab, so dass die Füllungen wässrig schmecken.

Auch Torten mit Obstfüllung (besonders mit Beerenfrüchten) können nach dem Auftauen Feuchtigkeit abgeben und die Füllung und den Boden matschig werden lassen.

Eingestrichene Torten mit Füllung werden am besten vorgefroren, damit die Oberfläche fester ist, dann in Alufolie eingeschlagen und eingefroren. Wenn Sie die verpackten Torten in passende Kartons legen, können Sie diese beim Einfrieren in der Gefriertruhe stapeln.

Formkuchen oder -torten ohne Füllung können sorgfältig in Alufolie verpackt eingefroren werden.

Blechkuchen können sorgfältig mit Alufolie zugedeckt auf dem Backblech eingefroren werden. Oder die Blechkuchen in kleinere Platten teilen, diese in Alufolie verpacken und einfrieren.

Auftauen

Die meisten Gebäcke werden schonend aufgetaut, indem man Sie in der Alufolie bei Zimmertemperatur auftauen lässt. Das kann je nach Gebäck 3–5 Stunden dauern. Sahnetorten tauen am sichersten über Nacht im Kühlschrank auf.

Gebäcke aus Brandteig, Blätterteig oder Hefeteig ohne Puderzucker- oder Schokoladenguss können im Backofen (Ober-/Unterhitze 180 °C, Heißluft 160 °C, Gas Stufe 3) aufgebacken werden. So schmecken sie frischer.

Schneiden Sie das Gebäck nicht im gefrorenen Zustand, da es sonst brechen kann.

Kapitelregister

Fruchtige Torten

Festliche Torten

Kapitelregister

Rollen & Kuchen

Schnitten & Torten

Alphabetisches Register

Alphabetisches Register

N

O

P

Q

R

S

T

W

Z

Umwelthinweis Dieses Buch und der Einband wurden auf chlorfrei gebleichtem Papier gedruckt. Die Einschrumpffolie – zum Schutz vor Verschmutzung – ist aus umweltfreundlichem und recyclingfähigem PE-Material.

Wenn Sie Anregungen, Vorschläge oder Fragen zu unseren Büchern haben, rufen Sie uns unter folgender Nummer an 0521 155-2580 oder 520651 oder schreiben Sie uns: Dr. Oetker Verlag KG, Am Bach 11, 33602 Bielefeld.

Bei den in diesem Buch verwendeten Rezeptnamen handelt es sich zum Teil um eingetragene Marken

Wir danken für die freundliche Unterstützung DIAGEO, Rüdesheim/Rhein

Redaktion Sabine Puppe

Titelfoto Thomas Diercks, Hamburg
Innenfotos Ulli Hartmann, Bielefeld (S. 9, 13, 17, 19, 23-27, 31, 35, 39, 43, 45, 53, 59-65, 71, 75, 99-103, 107, 111, 117-121)
Thomas Diercks, Hamburg (S. 15, 21, 33, 37, 49, 67, 85, 87)
Kramp & Gölling, Hamburg (S. 51, 81)
Bernd Lippert, Bielefeld (S. 29, 41, 83, 91, 93, 105, 109, 113)
Norbert Toelle, Bielefeld (S. 73)
Brigitte Wegner, Bielefeld (S. 5, 11, 55, 57, 69, 77, 79, 89, 97, 115)

Foodstyling Claudia Glünz, Nordhorn

Rezeptentwicklung und -beratung Sabine Lange, Oetzen

Grafisches Konzept kontur:design, Bielefeld
Gestaltung kontur:design, Bielefeld
Titelgestaltung kontur:design, Bielefeld

Reproduktionen MOHN Media · Mohndruck GmbH, Gütersloh
Satz JUNFERMANN Druck & Service, Paderborn
Druck und Bindung MOHN Media · Mohndruck GmbH, Gütersloh

ISBN 3-7670-0802-5